組織力UPの最強指導術

部下を活かす上司、殺す上司

江上 剛

幻冬舎文庫

まえがき

私は、銀行員というサラリーマンを二六年間勤めました。最初は、一番下っ端の部下としてサラリーマン人生がスタートしました。翌年には、後輩が入ってきました。すると、先輩という名の上司になったのです。それから順調に昇進し、本部で次長、室長、副部長、支店で支店長など「長」がつくポジションにもなりました。当然、そのときは上司と呼ばれました。

しかし私の上には、さらに上司がいました。私は、ずっと部下だったのです。というより上司であり、部下。部下であり、上司。こんなこうもりのような状態で過ごしていたのです。これはあなたも同じでしょう。

会社では、誰もが上司であり部下なのです。特に、課長や次長などの中間管理職と呼ばれるポストにいるあなたは、上司としては部下から突き上げられ、部下としては上司に虐《しいた》げられている悩み多きポジションで働いているのではないでしょうか？

これは難しく、かつ、おかしなポジションです。なぜなら上司として部下を指導したり、育てたりしなくてはなりません。一方で、部下として上司に指導してもらい、育ててもらわねばなりません。

どういう上司であればいいのだろうか？　どういう部下であればいいのだろうか？　いったいどちらを向いて仕事をすればいいのだろうか？　上司の方？　部下の方？

ところで、いい上司に出会い、いい指導を受ければ、あなたの仕事は順調にいき、昇進していきます。反対に、悪い上司に出会うと、もう最悪です。仕事は楽しくないし、うまくいかない、当然、昇進はいつまでも見送りです。これはあなたが部下の場合です。

あなたが上司の場合、いい部下に出会えば、仕事の成果は上がり、順調に昇進することができるでしょう。反対に悪い部下に出会えば、あなたの明るい未来は閉ざされてしまいます。

私は、さまざまな上司に仕えてきました。いい上司に恵まれていたばかりではありません。とんでもない上司に仕えたときもあります。また私は、さまざまな部下とも一緒に仕事をしてきました。優秀な部下もいましたし、そうでない部下もいました。

そして何よりも私のサラリーマン人生は、けっこう波乱に富んでいたということです。一九九七年には、第一勧銀総会屋事件という未曾有《みぞう》の経済事件の渦中《かちゅう》にも身を置きました。それは、銀行本店に東京地検の強制捜査が入り、頭取経験者など一一人が逮捕され、一人が自殺するという大変な事件でした。

事件の過程で、さまざまな人間模様を見ました。尊敬できる上司がいるかと思えば、責任回避に終始する上司もいました。献身的に混乱を収拾しようとする部下もいれば、混乱に乗じて他人を陥《おとしい》れようとする部下もいました。危機的状況下では、露骨なほど人間性が表れます。大変、勉強になったことは事実です。こうした経験に加え、上司の目で部下を見、部下の目で上司を見てきた私は、いつも上司はどうあるべきかと考えてきました。これは私だけの問題ではなく、あなたも日頃、悩んでいることなのではないでしょうか。

たとえば会社からは、結果を求められます。それは売り上げであり、利益であり、いずれにしても数字での結果です。そして同時に部下を育てることも期待されています。部下を育てながら、数字で結果を残さねばならないのです。いったいどのようにすればいいのでしょうか？　そんなことが本当にできるのでしょうか？

景気が回復し、あなたの会社の業績がアップすればするほど、あなたには上司からプレッシャーがかけられます。不況になり業績が低迷すれば、更にあなたは追いつめられてしまいます。いったどうやってこれを凌《しの》いで、会社の中で生き残っていけばいいのでしょうか？

そんなあなたの切実な問題に解決の道をつけ、あなたが「部下を活かす最高の上司」への道を歩むことができるようにとの目的で本書をまとめました。何とぞ本書が、あなたのサラリーマン人生のよき道しるべとなることを期待しております。

江上　剛

目次

組織力ＵＰの最強指導術

部下を活かす上司、殺す上司

3

部下のどこを評価すべきか　46

第2章「仕事の壁」を乗り越える
――「活かす」上司はどう結果を出しているか――

4　本当の意味で結果を出すとは　101

第3章「組織の壁」を乗り越える

――「活かす」上司はトップにどう意見しているか――

第4章「社会の壁」を乗り越える
——「活かす」上司は常識とどう折り合いをつけるか——

3　上司にとって何が有益な情報なのか　204

第5章「人生の壁」を乗り越える
――「活かす」上司はどう魅力を磨くのか――

組織力ＵＰの最強指導術

部下を活かす上司、殺す上司

第1章　「部下の壁」を乗り越える

―「活かす」上司は部下とどう接しているか―

部下を「活かす上司」「殺す上司」――あなたはどっち？①

- □ 部下が犯した些細なミスを、どう始末していいか分からず覚悟が定まらない
- □ ミスが発生したら、とにかく管理指導を厳しくして対処する
- □ 部下の資質は、だいたい前任者の引き継ぎ通りだと思う
- □ 優秀な部下だけに、部署全体の仕事の大半を任せている
- □ 得意先から「担当を替えろ」という要望があれば、即応じる
- □ 部下が成果を上げても、その過程にミスがあればそのことをまず指摘する
- □ 部下が抱えている仕事の量は正確には分からない
- □ 現在の部署で成績を上げられない部下は、適所と思う部署に異動させる

1　頼りがいのある上司とは何か

部下の失敗にこそチャンスがある

部下の失敗は、あなたと部下との信頼のきずなを強固にするチャンスだ。

ほとんどの上司が、頼りがいのある上司になりたいと思っているはずだ。では、どうすれば部下があなたを頼ってくるようになるのか。

「ミスがまったくない」という前提で仕事をする考えを変えるべきだ。仕事でミスが起きるということをまったく想定せず、いい報告ばかりを耳に入れたがる傾向が強い上司がいる。こういう上司は、部下がミスをすると、途端に「どうしよう。このミスが自分の立場を悪くするんじゃないか」と、悪い状況を考えてしまい、嘘をついたり隠蔽《いんぺい》したりする。その結果、取り返しがつかないことになってしまうのだ。

むしろ**「人はミスをするもので、当然部下もミスする、トラブルは起きるものだ」**と

いう前提にマネージメントするべきだ。それが部下から頼りにされることになる。

では、部下がミスをした場合、どう考えたらいいか。具体的な例で見ていきたい。

銀行で部下が「支店長、現金が一万円過剰になっていて勘定が合いません」という報告を上げてきたとする。一万円という金額は検査部に事故届を出さなければならない、大きなミスの部類に入るものだ。

ミスを犯したのは、A君。彼の直属の上司によると、まじめだが、要領が悪く、お客さまから怒られたり、また実際にミスも多いという。また怒られれば怒られるほどビクビクして、さらにミスが増える、そういうタイプだった。

どうしてミスが起きたか。簡単にいえばこうだ。本来、CD機（現金自動支払機）には一〇〇万円なければいけなかったところ、CDの現金を検査する担当だった彼が、検査をしてみたら、何度数えても九九万円しかなかった。お客さまとの約束の時間が迫ってきて、彼は遅刻するかもしれないと焦り、自分の財布から一万円を入れて出かけてしまった。当然ながら彼の入れた一万円分だけCD機の現金が多くなり、問題になったのだ。

銀行の場合、現金が少ないのもだめだが多くてもまずい。つまりお客さまのお金を使い込んでも事件になるが、同様に自分の財布から一万円を入れたりして勘定を合わせるのも「自己資金立替」といって、立派な犯罪になる。

こういう部下のミスのとき、上司としてどういう対応をすればいいだろうか。

人事部や検査部に「部下が自己資金立替をしました」と報告すると、給料のカットなど、何《なん》らかの処罰を受けることになる。実際、部下の不正の責任を取り、クビになった上司の事例もある。

何億円も銀行のお金を使い込んだというような**大きな事件を起こした人間が、いつから不正を始めたかを調べてみると、たいてい問題を起こした初期に、甘い上司が存在している。**日常的に、小さな金額のミスを許してもらっていたのだ。

この手の部下の場合、上司が不正を許してしまうと、それを境に、たがが緩んで、後々大きい事件を起こすというケースが多い。

もしここで本部に報告しないという判断をすると、あなたは、後々まで、保身を図ったのではないかと思い悩むことになる。ただ許すだけの甘い顔をすれば、彼はこのようなものかと思って将来、もっと大きな事件を起こす可能性が大きい。

彼が謝罪と釈明にやってくる。あなたは「なぜこんなことをしたのか？　どのような処分を望んでいるか？」と、その件について彼が自分なりにどう考えているかを問い質《ただ》してみるべきだ。彼は涙ながらに釈明をするだろう。彼を信じることができるかできないか。その判断は、上司として何十年も仕事を精いっぱいやってきたあなたの直感を信じるしかない。

じっと彼の顔を見る。この人間はこれ以上悪いことを絶対にしない、という確信を持ったら最終的には責任を取ることを覚悟しなければならない。その上でさらになぜこんなことをしたのかを説明する彼の釈明にしっかりと耳を傾ける。彼の釈明を聞いたら、責任の所在は上司であるあなた自身にあると、あらためてはっきり彼に伝える。

「わかった。本件については私がどんなことがあっても責任を持つ。こういうことが今後二度と起きないように、そして今後仕事がうまくいくように一緒に考えていこう」

あなたは人事部などに報告しないと決める。部下の罪を一緒に背負う覚悟を示すのだ。しかしそれからは、彼の仕事ぶりを見るために、外回りを一緒にしたり、どうすれば彼の仕事が順調にいくのかをきちんと話し合わねばならない。

あなた自身が責任を取るという態度、それが上司と部下の信頼関係をつくっていくのではないか。彼との信頼を築くことに加えて、問題が起きたときに必ず実行しなくてはならないのはミスを犯した彼と直属の上司など、問題を起こした当事者同士で真剣に話し合いをさせることだ。上司が勝手な思い込みで対処しないようにする。

問題があったからとただ管理指導を厳しくして終わらせる上司がいるが、それだけでは何の解決にもならない。

当事者同士での話し合いを傍《かたわら》で聞くと、彼らのどこにコミュニケーション不足があるかとか、それはシステムの問題だとか、ミスに至った本当の問題点が浮き彫りになってくるものだ。それさえはっきりわかれば、それからそれを一つひとつ解決すればいいだけだ。仕事上の膿《うみ》を出すきっかけになったりもする。

ただどういう場合であれ、上司として部下のミスの責任を取るのは当然のことだ。仮に、自分が犯したミスではなく部下が犯したミスで自分の立場が悪くなったとしても、仕事とは、組織とはそんなもの、仕方ないと覚悟する以外にはないと腹を括《くく》る。すると部下もきちんとあなたの腹の括り方に対して応《こた》えてくれるようになるはずだ。

前任者の引継ぎを鵜呑みにしない

自分の部下に先入観を持つべきではない。Aは優秀で、Bはあまりできない部下だ、こういった引継ぎがよくある。上司として前任者がそう言っても、自分の目で見ない限りはその言葉を信用するべきではない。

部下は上司の先入観には敏感に反応するものだ。

部下は、上司に対してこの人のために、と思うと昇進を期待して仕事をする。だが、結果的に昇進できなかった場合に、どうして自分は昇進できなかったんだろう、あんなに一所懸命働いたのにと無念さを残す。彼が自分の無念さを上司にぶつけると、「もう一年頑張ってくれ、私も君のことを応援してるから」などと言われ、たいていの場合、上司だけが、栄転し、彼は一人残される。

そして、次の新しい上司が来ると、別の部下がその上司に一所懸命仕えるようになる。結局前任者によく仕えた部下は取り残されてしまうことになる。実際、前任者にあんなに尽くしたのにと後悔しているために、彼は暗い顔で仕事をしているため、評価を下げてしまう。また新しい上司も、前任者に一所懸命仕えた男だから、とちょっと色眼鏡で見たりするのであまり評価しなくなるからだ。

どんな上司にもいい顔をして仕えられる、どんな上司にも満点を取れる部下はいない。

むしろ前任者と後任者で、まったく異なるタイプの上司が来たりすると、前任者によく仕えていた人間は、次の上司からは、あいつはどうも気に食わないということになり、評価を下げてしまうものだ。

事実、私が人事部に所属していた頃、前任者の評価はずば抜けて高いのに、後任の上司の評価がまったく逆で、極端に低くなる人が非常に多かった。人事からすると、今度はこの人を昇格させてあげようと思っているのに、現場からまったく逆の評価しか上がってこない。どうしたんですかと問うと、彼はどうだこうだと悪口を言う。前任者が仮に一〇割の評価をしていても、後任者が三割ぐらいの評価しかしなかったら、昇格を決める人事部からすると、「じゃあ、次回に」ということになってしまう。

順調に昇格していく人は別だが、途中でつまずいたりした経験のある部下を意欲づけし、プロモートしていくつもりだったら、なるべく先入観を持たずに見てあげることが重要になってくる。

前任者が高く評価したにもかかわらず昇格できなかった部下を自分の目でよく見て、評価の書類とかを検証し、これは次は絶対に昇格させてやらないといけないと判断する。本人に、前任者の評価が高かったから、今後も一所懸命頑張ってくれたら必ず評価するから、と真剣に告げる。

あなたの真剣さが本人のやる気に深くかかわってくる。それまで必死に努力している部下の期待に応え、やる気を継続させてやることが、上司の信頼につながる。

マイナス情報はオープンにする

上司として信頼されるためには、隠し事をしてはならない。社内では、マイナス情報をオープンにするように心がける。これが「風通しのよい組織」になる。

問題が発生したらみんなの前で、こういう問題が発生したと報告をする。「何か問題が起きているらしい、誰かが何かをやったらしい」と噂が蔓延《まんえん》するような雰囲気には決してしてはならない。

逆の場合を考えてみれば、よくわかるはずだ。上司が特定の部下を呼んでコソコソと話しているのを見るのは気持ちのいいものではない。

それは、上司としてのスタンスの問題にもかかわってくる。

上司はどこに自分の足場を置くか。あくまでもお客さまに足場を置いてマネージメントする。ヒラメのような状態で自分の上ばかり見ていると判断を間違え、仕事も行き詰ってくる。部下の向こうにあるお客さまに足場を置いてマネージメントしていると、軸がブレないで仕事ができ、部下にも適切な指示ができるようになってくる。

エースに頼る仕事をしない

一人のエースに頼る仕事をしてはならない。いろいろなタイプの部下がいる。できる部下もいればそうでない部下もいる。そうすると、上司は、どうしてもできる部下に頼ろうとしてしまう。

一〇人部下がいたら、できる部下はせいぜい一人か二人だろう。自分が任されている店や営業の現場を、そのできる部下に引っ張ってもらおうと考える。今までの倍の成績を上げようと思ったら、できる部下が二人の場合、彼らの業績を五割ずつアップしなければいけなくなる。

だが、一〇人の部下が一割ずつ業績をアップしてくれたら同じく倍増するのだ。一人の人間に五割業績をアップしろといったら、すごく無理がかかる話だが、一人一割ずつ自分の業績をアップしようということならそんなに無理なくできる。そう考えるべきだ。

たしかにできる部下に働いてもらったほうが効率がいい。全員のレベルアップを図ろうと思ったら時間がかかって大変だと考えがちだ。しかしそれは誤りだ。

組織というのは必ず異動がある。自分の出ていった後が荒れ地になっているか、それとも実力のある部下がたくさん育っている肥沃《ひよく》な土地になっているか。これが重要だ。

赴任していた時期だけの成績ではなく、後任者にどのように引き継ぐかも上司としてのもうひとつの責任になる。

いろいろなタイプの上司がいる。何人かの、よく仕事ができるといわれる部下を重用して一気に突っ走る上司もいる。また締めつけ、一種の恐怖政治のような、ノルマ主義を強いる上司もいる。いずれにしてもそのようなやり方をすると、その上司がいる一年か二年の間はたしかに成績が上がる。だが、これは長続きはしないし、部下は全然育たない。

長期的な視野で結果を出せるように努力する上司は、部下にも安心感を与え、信頼されるようになっていくだろう。

2　日常で部下とどう接するか

「担当を替えろ」と言われても突っぱねる

部下を守れない上司は上司ではない。上司になって自分の結果を優先するようになると、部下の気持ちにまでなかなか気がまわらなくなる。しかしそれは結果的には自分の力のなさを露呈《ろてい》することになってしまう。

ミスをしてはいけないと焦ってカッターシャツに汗じみができるような、典型的なできない部下を持ってあなたがいらいらしているとする。お客さまからもクレームがついて、ついには「担当を替えてくれ」と言われた。そういう場面は、営業の現場に行くと結構あるものだ。どう見ても、お客さまに一理あることもある。普通は、得意先の言い分を聞いて、部下に非があった場合、「はい、わかりました」と担当を替えてしまいたくなる。大きな得意先からのクレームであれば、売り上げ数字を失うことはあなた自身の成績に直接、影響するからだ。

しかし、お客さまから替えてくれと言われたときに言われた通り、部下を替えると、「ミスをするとこの上司はレギュラーから落とすんだな」と部下が萎縮《いしゅく》してしまう結果になる。

一方、萎縮させることで管理していく上司もいる。すぐレギュラーから落として、自分に逆らったり、仕事ができなかったり、成績を上げなかったりしたらこうなるぞと、見せしめ管理をする上司だ。いわゆる恐怖政治だ。この方法は、短期的な成績は上げられるから、上司にとってはいいかもしれない。

しかし部下にとってはトラウマになる。本人は失敗しようと思って失敗しているわけではない。一所懸命やった結果だし、ひどく怒られても、なぜそんなに怒られるのかもわからず、でも上司が怒鳴っているからとりあえず頭を下げておこうとなったりする。

お客さまから言われたからすぐ担当を替えるようなことをすると、部下にとってもためにならない。同時に他の部下も萎縮させてしまい、さらによくない結果を生むことになる。頼りがいのある上司は、お客さまから「替えろ」と言われても「替えません」と突っぱねる。

お客さまの要求より部下を守ることを選択するのだ。

だが、その選択をした以上は、きちっと部下と話をして問題解決を図らねばならない。

どうしてお客さまとの約束の時間を守れないのか、ルーズだからなのか。お客さまを二〇社担当しているが、仕事が忙しすぎるのか。

仕事を減らすというのは部下にとっては大変屈辱的な話で、どうも負担が大きいようだからと担当先を一〇社にしてやる、と言った瞬間に、彼は仕事を減らされたことで挫《ざ》折《せつ》感を持つことになる。一方的に負担を軽減するだけではいけない。部下が努力すれば、もう一度元に戻すからと約束し、挫折感を和らげるフォローをするなど、部下の成長を期待するという視点で対応することが重要だ。

たしかに相手が有力なお客さまであったりすると、取引を切られれば、上司自身の成績に直結するから、お客さまの言うことを聞かないということは覚悟がいる。だが、やはりそれはやるべきではない。

上司の仕事というのは、成績を上げるだけではない。最近は成果主義などと言い、上司自身の給料が成績で決められるようだが、あくまでも上司の仕事は部下を育てることにある。一方、部下の仕事は上司に育てられることだ。

ちなみに前述した上司に守ってもらった部下は、そのときの上司の対応に感激して、一念発起し、ぐんぐんと成長した。

部下の記憶に残るほめ言葉を言う

ほめ言葉がうまいのも上司の条件だ。日常的に部下と接していて難しいのが部下に対するほめ方だ。どこをほめてあげるべきなのか。そしてそのひと言は、その部下の後々のサラリーマン人生にまで確実に影響をおよぼす。

私自身も、ほめられてうれしかった言葉は、サラリーマンをやめてからも忘れないで心の奥底に残っている。

最初の昇格人事のときだ。上司が「お前が昇格しないのならば俺は会社を辞める」と言ってくれたのだ。

嘘でも本当でもいい。こういう言葉は、若い部下の心を打つものだ。

また仕事に自信をつけてくれた上司のひと言にはこんなものがあった。なかなか厳しい支店長だった。その彼が、私にこう言ってくれたのだ。

「お前は感受性が強いから銀行の仕事に向いている」

これは意外なほめ言葉だったし、意外だったからこそ心に響いたのだろう。

銀行マンの場合、そろばん勘定が得意だから向いていると言われるのが普通だ。なぜ感受性なのだろうかと自分の仕事を振り返ってみた。セールスをするとき、お客さまの立場とか、相手の立場とかにイメージを働かせるからお客さまにふさわしい商品を提供できたことが何度かあった。そういうことかなと想像して、それまで銀行の仕事にあまり向いてないと思っていたが、急に自信が持てるようになったのだ。

たしかに仕事のできる人を観察してみると、彼らは、仕事に対する想像力、イメージする力、お客さまの立場、部下の立場を想像する力を持っている。感受性が強いことこそ仕事ができる条件だと、考えをあらたにすることができ、私のモチベーションはものすごく上がった。

同時にその上司に対して自分の仕事ぶりをよく見てくれているなとうれしくなった。尊敬していた上司でもあったが、一番ほめられてうれしかった言葉だった。

部下のどこをほめるか、それは、上司がどれだけ部下の仕事ぶりを見ているかに尽きるだろう。またそれは、懸命に働いている部下を思いやる能力でもある。

上司がよく自分のことを見てくれているなと実感できれば、部下はストレスをためないですむ。部下が仕事を嫌になったり、うつ病になって出社できなかったりするのは、上司が自分自身のことできりきり舞いしていて、部下のことにまで気が回らない、部下の立場をイメージすることができないことが原因で起きることが多い。

仕事以外の気を使わせない

部下に仕事以外の余計な気を使わせるのはそれだけで上司として失格だ。

昼休みなど、本来なら仕事ではない部分に入るはずなのに、残念ながら、派閥争いのせいで、そこまで気を使わなければいけなかったりする場合が多い。

食事どきになり、上司が「メシに行こう」と言えば、同じ派閥のナンバー2以下の人間はその後にすぐについていくものだ。一番下っ端の部下なら当然、はいはいはい、とついていかなくてはならない。だけど、そういう要領がわからないのと食事くらいは好きな人間と食べたいと思ったときどうするか。特に最近、合併や統廃合をする企業が増えてきたので、この手の話は多い。

私は、ナンバー2から突然呼び出され「お前はなぜ我々と一緒に昼飯を食いに行かないんだ」と詰問されたことがある。彼は、私に他派閥の上司と食事に行っている理由を言えと迫った。要は、「他派閥の上司から、自派閥の上司とメシを食いに行くなと言われているのか」と聞いてきたのだ。

ここで何か返事をすると、どちらにも誤解されることになる。昼食を食べに行くなと言われていない。でも、あなた方と食べに行っても楽しくない、とも言えない。

ここはだんまりを決め込むに限ると思ってひと言も発しなかったら、なぜ何も言わないんだと長々と文句を言われ、最後には、「お前みたいなやつの人事は面倒を見ないと派閥のトップが怒っている」とまで言われた。

最終的には、叱《しか》られている私を気にかけてくれた派閥のトップが私に文句を言ったナンバー2の上司と話し合いをしてくれ、若い部下に自分たちの派閥争いの影響を与えてはいけないと懇々《こんこん》と諭《さと》してくれて事なきを得た。

あのときその場しのぎでどちらかに媚《こび》を売るような返事をしなくてよかったと思う。会社に派閥があった場合、その都度、右だ、左だ、と言っていたら相手の信頼を失う。どちらの派閥にも与《くみ》せずにやっているほうが絶対にいい。

あんなに尽くしたのにと思わせない

正当に評価されないときはどういう心構えで対処すべきか。その対処次第で人生が大きく変わる。上司にこんなに尽くしたのにとか、あのときあんなに面倒見てあげたのに全然わかってくれないと恨《うら》んでいる部下も多いはずだ。一回そういうことがあったら、その人とはちょっと距離をおくことだ。「ああしてやった、こうしてやった、やったやったで地獄行き」という言葉がある。書家の相田みつをさんの本にも、ああしてやったのに、こうしてやったのに、という「のに」という言葉はあまり使わないほうがいいと書いてある。

たとえば、総会屋事件のときに政治家が銀行から五億円もの不正な融資を受けていたことがあった。地検から指摘され、回収しないと銀行ばかりでなく結果的には、その政治家にも被害が及ぶし、マスコミを賑《にぎ》わすようなことになる内容の融資だった。誰も手をつけようとしなかったため、私が仲間と一緒にそれを政治家から回収した。

上司にとりあえず一報と思い、電話で「無事五億円回収できました」と報告した。すると「あれは地検が一番気にしている案件だった」とホッとした様子だった。そこで「細かいご報告をいたしましょうか」と言ったら、「いや、それはいい」と返事があった。問題になりそうな話や耳障りな話は聞きたくないというわけだ。

その瞬間、私はその上司の器の小ささがわかった。カリスマと言われ、彼の前に行くとみんなビビってしまうぐらい怖い人だと言われていた。だが、細かい話は聞きたくない、もういいよ、と言われてガクッと失望した。別にほめてもらいたいとかではなかった。しっかり聞かせてもらうよ、もし何か問題が発生しそうなら申し出てくれと言われたら、逆に報告はしなかったかもしれない。上司が部下の立場を思いやる態度で仕事をしていれば、部下を失望させるような発言には少なくともならないはずだ。

部下のほめ方、叱り方は、部下に大きな影響を与えるものだ。だから部下とは、むしろ一期一会だというゆったりした気持ちで接すれば楽しくうまくいくのではないだろうか。

問題があったときほど、上司の器の大小が鮮明になる。

トップにも部下にも素直に振る舞う

エリートと勘違いしている上司ほど部下にとって迷惑なものはない。余裕を持って部下に接したいと思っている。それが、部下への信頼感につながると考えるからだ。しかし、それを誤解してしまう上司がいる。自分が上司になると、途端に偉くなったように勘違いして、部下との接し方を間違ってしまうのだ。

ある上司が赴任してきた。彼は本部から来たエリート。毛並みもいい。私はそのとき二店目の支店で、ナンバー2として、その上司を課長として迎えた。

「江上君、家はどこ」と聞かれたので、「社宅に住んでいます」と答えると、彼は、「君は僕の近所に住むといいよ」と言う。その瞬間、ちょっとおかしいと思った。

「課長はどちらにお住まいですか」と訊《き》いたら、青葉台かどこかに家があると言う。

「そんな立派なところに家を買うことはできません」と言ったら、こう返された。

「いや、君ねえ、僕は偉くなるから僕の近くに住むと君も偉くなれるよ」

彼が赴任してしばらくするとなぜかみんなの意欲がなくなっていくのが目に見えてわかる。おかしいなあと思って気にしていると、仕事ができない部下が、その課長に頻繁に怒られているのだ。しかも怒られ方が尋常ではない。こっちの神経にまで障るような怒り方だ。甲高い声でガミガミ言って、部下が言い訳をしようとすると、その口をすぐに塞《ふさ》ぎ、抑え込み、逃げ場がないようにしている。あれじゃ、かわいそうだなと思って、「今ひどく厳しく怒られていたけどなぜ怒られたんだ」と聞いてみたら「わかりません」とその部下は言う。

何かミスはしたのだろう。だが、部下のほうでは自分としてはあそこまで厳しく言われるほどのミスではないと思っているのだ。

そこで課長と一緒に外回りに出たときに「課長、もうちょっと怒り方を工夫してもらったほうがいいんじゃないでしょうか」と言った。すると「ああ、そうだね、わかった、わかった」とその場では答えるが、また同じようなことをする。

課長の机にミスをしたら罰金としてその都度、一〇〇円を入れる貯金箱が置いてあった。

「書類などにミスがあったから一〇〇円出せ」と言われ、部下は、ミスを指摘されるたびに一〇〇円を入れていた。ところが彼は、非常に吝嗇《りんしょく》で、そのたまった罰金を自分の懐に入れるような上司だった。

とうとう私は我慢が出来なくなり、課長に、「あなたは私の人事を決める人だから私も覚悟して申し上げます。あなたも覚悟して聞いてほしい。あなたの部下に対する叱り方はとても部下を育てるとか、部下の意欲を増すものではない。叱るときには逃げ場を用意してやってほしい。言い訳を全部塞いでしまうようなあの怒り方は萎縮させるだけで何にもならない」と言った。課長は驚いた顔をして「わかった。みんなの意向を汲《く》んで仕事をするから」と返事をして「僕は君のことは評価してるから」などと余計なことまで言う。

「いや、そんなことは結構です、これからは改めてください。そうしたら私もちゃんと協力させてもらいますから」と言って「よろしく頼みます」とお願いをした。だが、結局、その後も変わらなかった。その上司は、文句を言った私に極端に悪い人事評価をつけたのだが、その評価はおかしいと別の上司が彼に注意してくれた。そのおかげで、私は悪い人事評価を受けずに済んだ。部下には妙に飾ったり虚勢を張ったりすることなく素直な自分を評価してもらう心構えで接するべきではないだろうか。

3　部下のどこを評価すべきか

「人格」ではなく「能力」を評価する

部下は上司の下僕ではない。彼の能力をいかに発揮させて会社に貢献させるかだけを上司は考えるべきだ。従って部下の評価も人格より能力に着目すべきだ。

部下の評価とは彼の人格を評価するものではない。あくまでも、この人間をどう使えるか、どういう能力を発揮させたら一番いいのかというところを見て評価していくものだ。

この部下はなんでもできますよ、みたいな評価はありえない。たとえば、部下をすべてに秀でているわけではないが、持ち味とでもいうべき能力をきちっと発揮できるタイプだと上司が評価すれば、それを受けた人事部は、その能力を発揮できるポストを彼に用意するように努力すべきだ。

大企業は、絶対的実力主義と言いつつ、相対主義が多い。人件費コストで昇格、昇進を決めたりするのだが、当然、相対的に部下に甘い上司と辛《から》い上司がいることになる。

そのため、人事部としては、上司の評価の癖を把握して判断しなくてはならない。人事部は、評価される部下の面接を直接に行って確認することも必要になる。

上司が人事の評価シートの文書上では辛い評価をしていても、直接に面接することでその部下に対する上司の愛情がわかることがある。辛い評価は上司の部下への愛情なのだ。その結果、部下の能力を正当に判断できる。

逆にいつも甘い評価をする上司で、これは上げ底だ、この人は上げ底の評価ばかりするという場合は、注意が必要になってくる。評価通りに昇格させて、後からうまくいかなかったという事例が出てくる。

この上司の人事評価は何割引きかで見たほうがいいというのは人事を長くやっていると経験的にわかるものだ。実際、上げ底評価で昇格させ、難しいポストにつけた。しかし、本人がその期待に応えられなかったため、結果的にはその人そのものをだめにしてしまうことも多い。

上げ底の甘い評価は部下にとっても不幸なのである。

本当にスーパーマンのような部下ならどのように評価しても大丈夫だ。だが、そうでなければ、こういう部署でこういう能力を発揮できることをきちんと上司が把握しているかどうか、それが部下を評価する上で最も大事なことになってくる。

会社では、多くの同期の中から何人かが選ばれて昇格する。そうなると、上司が欠点だけをあげつらうなど部下のマイナスの面だけを評価したために昇格しなかったら不幸だ。上司は部下をとりまく状況を視野に入れながら愛情深く評価をするべきだ。

部下の人事評価をする立場になったときには、その部下のどういう能力を会社として発揮させたらいいのかということを考えて評価する。「得手に帆をあげ」という言葉があるが「部下の得手」を見つけること、それは最低限上司に求められる能力のひとつといっていい。

細かいところにこだわらない

上司は部下のマイナス面ではなくプラス面を見るように努めるべきだ。だからあくまでもその部下に何ができるかを見るのが重要であって、何ができないかを見るのは、上司の仕事ではない。ミスを指摘するにしても、部下が伸びるためであり、部下への愛情がなければ意味がない。

　将来役員確実でエリートといわれるやり手の上司の中には部下のマイナス面を見る人が時々いる。細い目をして、見るからに冷たそうな感じの上司だ。部下が転勤してきて挨拶に行き「お世話になります」と言う。

　すると開口一番、部下の足元を指さして、「君、白い靴下を履いてるねえ、サラリーマンになったら黒とかそういう靴下を履くんだよ」と冷たい声で言う。

　部下は思いがけないところを指摘されたから、はっと思って動揺する。さらに、「君ねえ、社章が曲がってるよ」とたたみかけてくる。

　それまでそういうタイプの上司に会ったことがないから、部下はそれ以来、その上司の前では、何か注意をされないかとビクビクするようになってしまう。

　また「明日は雨……」と「明日が雨……」という表現があったら、その「は」と「が」で三日ぐらい考え込むようなエリート上司がいる。全店会議で発表する報告の内容を練っているのだが、失敗を恐れるあまり、細かい文章表現が気になって仕方がないのだ。彼のまわりでは、これまた将来役員になるようなエリートたちが集まって、ここは「は」がいいか「が」がいいかと、深夜まで議論をしている。

　みんな早く終わってほしいから、エリート上司が「『は』がいいね」と言ったら、「『は』がいいですよ、『は』がいいですね」なんてお追従《ついしょう》をしている。

「でも、やっぱり『が』かなあ」なんて言うと、「あ、『が』がいいんじゃないでしょうか」と言う。笑い話みたいだが、そういうバカなことが会社では日常的にある。

中小企業のワンマン社長が「明日偉い人が来るけど、和食がいいかねえ、洋食がいいかねえ」と言ったとする。どうせ、決めるのは社長だ。「あの人は和食が好きだから、和食にしましょう」と提案しても聞き入れられないのはわかっているから、みんな何時間でも黙っている。

「和食がいいね」とワンマン社長が言ったので「和食がいいですね、和食でいきましょう」と結論が出た。決まったと思ったら「やっぱり洋食かなあ」と言い出す。するとまた即座に「そうですね、洋食でしょう」などと言うのと同じだ。

些細《ささい》なミスをも許さない上司に仕えると苦労をする。私にもこんな経験がある。

今は、書類でここを強調したいと思えば、パソコンで色を塗ったり、網掛けにしたりとか細工ができる。しかし昔はパソコンで文書を作成し、プリントアウトすると、後から重要な数字のところに定規を当ててサインペンで枠を書いたりしていた。定規の斜めになっている面を上にするとにじまないで線が引ける。

ところが定規の斜めの面を下にしてサインペンで線を引いてしまった。定規をずらすと、その強調する枠のインキの線がたまたま一ミリぐらいにじんで尾を引く感じになった。全部やり終えたところだから今更、作り変えられないと思い、その書類を出した。

案の定、不安は的中し、上司は、徹夜同然で作った書類の内容は一切見ずに、その一ミリほどのインキのにじみを見つけて「これ、何？」と指摘してきたのだ。私が愕然《がくぜん》としていると、上司は「やり直せ」と言う。それ以来、その上司に書類を提出するのが怖くなったものだ。

これと似たようなことは案外多い。上司が部下の仕事を全然理解しないで、あれやってくれ、これやってくれとどんどん仕事をさせてしまう。

上司自身がどこに力点を置いて仕事をするかという意識がなく、さらにもっと上の自分の上司だけを向いて仕事をしている。このような上司は、部下が一所懸命作成した書類を提出してきても、つまらないミスを指摘して何回もやり直させる。こんな上司に仕えたせいで過労死してしまった人もいたくらいだ。

こういう細かいことをいくら指摘しても部下の生産性はまったく上がらない。少なくとも重箱の隅をつつくように部下のミスを見つけるのが得意な上司にはならないほうがいい。

部下が仕事でストレスをためるのは、楽しくない仕事をやらされるからだ。楽しい仕事やこれは自分にとってもプラスになる仕事だと思うと三、四日寝ないでもできるものなのだ。逆に、これはくだらないと思うと、一時間でものすごい疲労感がある。

最高の上司は、部下の立場に対する想像力を持っていることが条件だ。上司になった途端にその力が失われてしまって、細かいミスばかりを指摘して、部下に辛い仕事を強いることがないようにしたい。

仕事のブラックボックス化を見逃さない

細かいミスを指摘する人は、部下を育てる上司ではなくて、部下を殺す上司だ。そして自分のことしか考えない上司というのは、部下の仕事のブラックボックス化すなわち部下がどんな仕事をし、どれほど仕事を溜め込んでいるか、などがわからない。

たとえば、何億円使い込まれたなどは、それは必ずしも部下だけの責任でない。部下がそのポジションでずっと変わらずに働いてくれることに安住しているから部下の悪い兆候を見逃してしまうのだ。

部下が不祥事を起こす上司は自分のことしか考えていない。部下の将来なんか考えていない。自分の在任中は、彼を利用し続けようと思っている。本人は最早《もはや》仕事に飽きている。だから誘惑があったりするとそっちに走ったりしてしまうのだ。

ある女性行員が非常に優秀だと評判だったので表彰しようという話になった。仕事ぶりを検証してみようということになったら、なんのことはない、自分の家、両親の家、親戚の家を横領した金で建てていた。驚愕《きょうがく》の事態だ。横領の方法は定期預金証書を偽造するなど巧妙なところがあったが、なぜ、何代もの支店長がその横領を見抜けなかったのか。

よく仕事ができる行員で、同じポストに長く置かれたままだった。彼女も自分がポストを外れるとこの店の業績が落ちますよ、というメッセージを発信し続けていた。それを上司が真《ま》に受けてしまっていたのだ。

ほめてもらいたいところを想像する

部下の細かいミスを指摘するだけの上司も変わる瞬間がある。どういうときに変わるのか。それは部下が彼との積極的なコミュニケーションに成功したときだ。

細かすぎて部下から敬遠されている部長に仕えたときのことだ。彼は部下を飲みに誘うことはめったになかった。ある日、たまたま私ともう一人の先輩と三人で飲みに行った。部長が昔の情けない失敗談を始めたときに、酔っ払った勢いで「部長、しっかりしなさいよ」と、その先輩が部長の膝を思いっきり叩いた。私はハッと思ったけど、本人にとってはそれがすごい快感だったのだろう。部下からそういうふうに親し気にスキンシップをされたことがなかったようでたいそう喜んだ。それで叩いた先輩も喜んで何回も叩いた。

翌日、部長は、先輩に「いやあ、昨夜はずいぶん君に叩かれたねえ」と笑いながら言い、それ以来、細かいことを指摘しなくなった。上司を敬遠ばかりしてはいけないと思ったものだ。

また、本部勤務のとき、部長の宴席に資料を届けに行ったことがある。「飲んでいけ、君の同期もいるから」と言われ席に上がったら、お追従の部下がいて、彼が「こんな夜中に書類を届けてくるなんて問題だ。お前みたいななくだらない本部官僚がいるから当行はだめなんだ」と突然、文句を言い出した。

ついには「俺は現場のたたき上げだ。五回の営業店勤務のうち三回優秀賞を取った」などと自慢し始めた。私は黙っているより仕方がなかった。すると、その部長が「いや、君は何？　五回のうち三回しか賞を取らなかったの。僕は五回やって五回とも取ったよ」と助け船を出してくれたのだ。自慢をしていたお追従の部下はギャフンとなった。私は部長にこっそり「ありがとうございます」と感謝した。部長は、根から冷たい人ではなかったのだ。

だが、とにかく仕事について厳しいというよりも、細かくて人のミスをあげつらうという感じの人だった。だから敬遠していたのだが、その宴席の一件以来、部長に親しみを覚えた。そうなると仕事も順調に進むようになるから不思議なものだ。

東条英機でもカリスマ性があったという。しかしリーダーシップがあったわけではないようだ。上司の立場を利用して細かいミスを指摘した。部下はとにかくミスを指摘されないようにしようとだんだん萎縮していった。それでいつの間にか彼はカリスマになってしまったというのだ。

上司は、こんなことをほめてもらいたいと部下が思っているのをわかっているはずなのに、ほめないで思いがけないミスを指摘する。

たとえば、ものすごくいいところでヒットを打った。それで、「やあ、よかった、いいところで打ってくれてありがとう」と言えばいいのに、前の打席で三振したことを叱られたらがっくりくるのと同じだ。

三割打者というのは、別の見方をすれば、三打席のうち二打席は凡退することだ。三打席目に**逆転のヒットを打ったのに、それはほめてくれなくて、前の打席凡退したよね、とにこりともせず言われたら、ガクッとする**か、この野郎と思うかどちらかだろう。三打席とも凡退しないようにしようなんて思うと硬くなってかえって三振をしたりしてしまう。

このようにひと言嫌みを言いたい人は結構いるのだ。

細かいあら探しはしない。どうせ怒るなら、スッキリと怒る。そしてあとでフォローするほうがずっといい。

正直者が損をしてもやりぬく

上司が正しい人事評価をしているかといえば、大間違いのこともある。つまらないあら捜しは別としても、部下を正しく指導し、評価するのが難しいのはたしかだ。

そう思ったのは、人事部にいたときのことだった。証券部という部署がある。ある製紙会社が買い占めに遭い銀行が防戦買いをしたことがあった。その防戦買いをする情報を利用して証券部内でインサイダー取引をやった。そこにエリート部長がいて、その部長をはじめ、その部下が全員でやっていた。部員全員がやっているから口裏あわせができる。それで儲《もう》けた。

でもそのうち正義感の強い部下のA君だけがそのインサイダー取引に参加しなかったのだ。彼の人事評価はどうだったか。最も悪い評価だった。協調性がない。早く彼を転出させてほしい。自分たちの前から消えてもらったほうがいい。そういう内容だった。

要は、正しいことをした人間のほうが、悪になってしまったのだ。

人事部でも、正当に評価しようとする人事部員と、自分が人事部から異動した後のことを考えて、力のある部長には媚を売っておこうとする人事部員もいる。将来偉くなる部長には逆らわないほうが得だというタイプだ。そうすると当然、部員の評価は部長の言いなりで、

A君だけ悪い点をつけられたので評価が最悪になってしまったのだ。

そしてある不祥事がきっかけで何年も経ってから、その当時のことを調査したところ、証券部全員がグルになってインサイダー取引をしていたことが明らかになった。

昔に遡《さかのぼ》って部長も彼らも含めて関係者を処分しようとしたが、A君だけが部長に逆らってインサイダー取引をやっていなかったことが判明した。

ところがA君の評価は低いままだ。その後、昇格もしていない。なんとかA君の昇格の遅れを取り戻してあげようとして動いたことがあったが、時、すでに遅し。簡単には取り戻せなかった。

人事評価というのは、評価の方法はいろいろあるが、絶対ということはない。そのときの人事部員は、エリート証券部長の影響力に恐れを抱いたために彼の評価を鵜呑《うの》みにしてしまい、検証することをしなかったのだ。

全員の中でたった一人だけ評価されていない。過去のA君の仕事ぶりを考えたら、そんなに評価が低くなるはずがない。そのときの人事部員がA君の人事を判断するときに、どうして彼だけが評価が悪いんだろうということに少しでも疑問を覚え、イメージする力があれば、A君の不幸はなかったかもしれない。なぜこのように低い評価になったのだろうと追及すれば、インサイダー取引という問題がもっと早めに浮かんだかもしれないのだ。

このように部下の評価が突然大きく変化したりするときは要注意だ。筋を通したというか、正直な人が損をする場合がある。だが、A君は、恥ずかしくない銀行員生活を送ったから、昇格をしなかったことを悔やんではいないかもしれない。

A君には、不正に加わらないという強烈な自負心、プライドがあったのだろう。最終的にどう満足できる人生を送るかが重要だ。そのためには自分にプライドを持った生き方をするしかないのだろうと思う。

能力が発揮できる環境をつくる

「好き嫌いで人事を決めて間違いはない」と言う人がいるが、それは、問題だ。

たしかに、それも一理はあるだろう。人間だから好き嫌いはある。好きな部下と仕事をするほうが楽しい。何も嫌いな部下と仕事をすることはない。だが、気に入らないから、嫌いだからと、彼の人格まで否定するような評価をつける上司がいるが、それはおかしい。

大きな組織では、評価されないでいわゆる窓際になっているような人がいる。そういう人たちの研修の講師をしたことがある。彼らは**Aという上司にはすごく気に入られたけれども、次のBという上司にはまったく気に入られない。その繰り返しをしている間にだん**

だんやる気をなくしていく。そのパターンが圧倒的に多いことに気づいた。

一所懸命、精魂尽き果てるまでA上司に仕えたのに、そのときは昇格のタイミングではなく、次のB上司が来たときには、前任者と違うタイプの上司に仕えるエネルギーが残っていなかったり、タイプが違うので遠ざけられたりして、またチャンスを失ってしまう。

それを繰り返しているうちにいつの間にか無能力、無気力のレッテルを貼《は》られ、昇格しない窓際の一群ができてしまうのだ。

彼らには本当に能力がないのだろうか。そんなことは絶対にない。彼らは地元で少年野球のコーチをやっているとか、いろいろな能力がある。仲間と音楽をやって楽しんでいるなど、得意な分野にはものすごく自信を持っている。

ところが、仕事になったら、過去の失敗の記憶などが全部出てきて、急におとなしく、引っ込み思案の人間になってしまうのだ。

仕事というものが残酷なのは、本当は、全人格をかける必要はないのに、上司がそこまで要求するものだから、部下たちもその気になって働く。その結果、上司から人格まで否定され続けた経験が記憶にいつまでも残ってしまうことになる。

だが、そういう部下でも、プライベートではそれぞれいろいろな能力を発揮しているのを、上司としては知るべきだ。プライベートで能力を発揮しているように、仕事をやればいいんだと励ましてやればいい。たまたま会社の中で落ちこぼれているかもしれないけれども、部下の持っているいろいろな能力を発揮できるような環境をつくれないかと上司は考えてみることが大事だろう。

"守り"と"攻め"の人材を生かし切る

片寄った能力の部下ばかり高く評価すると、結果として組織を危うくすることがある。

バブルのときには、調子がよくて前向きな、攻めの営業をする部下ばかりが高く評価された。そういう部下の昇格を上司が要請してくるから、結局、守りの人材というのはほとんど評価されなかった。結果として、守りの人材は組織からどんどん排斥されていなくなった。

ところが、バブルが崩壊した。そのとき初めて守りの人たちが日の目を見ることになったのだ。不良債権が大量に発生し、攻めの人間は役に立たず、管理に強い守りの人材が必要となったのだ。組織全体を見る立場の人は、攻めているときでも、攻め込む人材ばかりではなく、管理など守りに強い人材をちゃんと順調に昇格させて、幹部として養成しておかないといけない。そうでないと組織として大きなリスクを抱えてしまうことになる。

銀行の合併とか統合という際に、システムトラブルが発生することがある。このトラブルの大きな原因は事務やシステムなど、守りの人材をそれぞれの銀行が十分に育てていないからだ。だからシステムの統合などを話し合うときに、それぞれの銀行の担当者の能力レベルが違いすぎることになる。それで協議が進まず、トラブルになることが多い。

要するに、お互いが尊敬し合えるくらいのシステム担当者の能力レベルがあれば順調に協議が進む。営業ばかり優先して事務やシステム管理を軽んじているような銀行や、派閥争いのことばかり考えている銀行と、事務やシステム管理のことを重要だと考えている銀行とでは、話が合わない。交渉のテーブルにもつくことができない。

そうなるとお互い反目だけし合って十分な協議がなされないから、結果的にそれがシステムリスクの大きな原因になったりする。

調子のいいときに、その場に合った調子のいい人材だけをどんどん重用していくというのは大いに危険な面があるのだ。

ないものねだりをしない

与えられた戦力で如何《いか》に戦い、勝利を得るかが上司の重要な課題だ。

ひと言で言えば、「部下は上司を選べないし、上司も部下を選べない」。自分の部下が、まわりの評価が悪かったり、出来が悪くても、替えてくれとは言えない。

オーナー会社で、お前はクビだ！　なんてことができるなら別として、そうでなければ、与えられた戦力で戦うしかない。オーナーの息子が課長などになっていたら、まわりが気を使って優秀な部下ばかり宛《あて》がってくれるかもしれない。しかし、普通の会社であれば自分がそのポストについて部下を見たときに、一〇〇％自分にとって素晴らしい部下が揃っていることなどありえない。

部下の能力はでこぼこだ。どっちかといえばほとんど日本語さえ通じない部下が多いと思って間違いない。だから、覚悟を決めなくてはいけない。

孫悟空は元気はあるけど荒っぽいし、猪八戒《ちょはっかい》はどうか？　沙悟浄《さごじょう》はどうか？　必ず欠点のある部下ばかりだ。桃太郎はサル、キジ、イヌをお供に鬼退治をしたが、自分の部下には、知恵はサルで、勇気はイヌで、スピードはキジで、などと三拍子揃った者はいない。

ところが部下をよく見るとA君にはサルの能力があり、B君にはイヌの能力があり、C君にはキジの能力がある。中にはそういう能力をなかなか発見できないものもいたりするが、そこはなんとか探し出して、それぞれの能力を徹底的に伸ばしてやるのがいい。

おおかたの上司が失敗するのは、ないものねだりというか、ネコにイヌのように芸を

しろ、と言うからなのだ。

そうは言うものの仕事である以上、部下に、ネコはネコのままでいいというわけにはいかないので、少しはイヌ的にやってくれよ、と言わざるをえない。そういう場合でもネコの能力を最大限引き出してやって、足りないイヌの能力をネコの能力でカバーすることを考えるべきだ。

こうなると最早、部下の能力の問題ではなくて、上司の能力、才能ということになる。

4　伸びる部下を育てる着眼点とは

いい部下を持てば評価は上がる

自分の出世ばかりを考えるとかえって出世しない。部下の出世を考えるのが上司の務めだ。

部下を伸ばしていきたいと上司は思う。

それなのになかなか理想と現実はうまくいかない。

なぜか。思うに、上司になって、もっと出世したいと思った途端に、間違いを犯し、ミスをするのではないかと心配になる。部長になったり、マネージャーになったりすると、かつては優秀な担当者だったのに、さらに上の上司に媚を売るようになる人が多い。

それは部下のことではなく、自分のことを考え過ぎるからだ。サラリーマンは、しっかりと自分の立脚点を決めて人生を歩んだほうがいい。上司と呼ばれるには部下がいるのだから、自分ではなくてあくまでも部下に力点を置いて働くべきだ。

部下の先にはお客さまがいることを忘れてはならない。上司になって部下を持ったのに、さらに自分の上司ばかり気にしていると間違いが起きやすくなる。自分の上司の先にはお客さまはいない。自分の部下の先にいるお客さまをイメージできるかどうかの違いは大きい。

広報のとき、まじめだが、要領が悪い部下がいた。前の上司にけちょんけちょんにやられて自信をなくし、閑職に追いやられていた。大きな問題が起きて銀行の立場がまずくなったときに、要領は悪いが、まじめできちんと報告する能力は高かったから、彼をその問題の担当にした。単に広報の仕事というだけではなくその問題に関する社会の動きなども役員に直接報告させる仕事を任せることにした。

彼に「そういう仕事をやってくれるか？」と訊いたら、「やりたい」と言う。あれもこれも全部要求してやらせたらできないが、能力は個々によって違う。問題が起きたときに、こういうふうにしたらいいと指導したり、こういう情報を取ってくれないかとか、今、マスコミでこういうことに関心を持っているから詳しいことを調べてほしいと指示すると実にきちんと働く。「大きな問題だからしっかりとやってくれよ」と励ましたら、彼は本当に一所懸命やってくれた。見込んだ通りだった。彼に報告書を作らせ、頭取とか役員に報告をさせた。

このようにポジションとか役割を与えたらどんどん仕事ができるようになり、彼は優秀だという評判が立つようになった。評判が評判を呼び、他の部署から彼をほしいということになった。当然、出世していった。いわばその問題を処理させただけで後々までずっと順調にいくようになったのだ。

このようにあくまでも部下の目線、すなわち、部下のどの能力を引き出してやるかを考えて、仕事を任せるようにするべきだ。

役員などへの報告を部下に任せると上司である自分が表に出ないので手柄を取られるのではないかと心配する人がいる。しかし、そうではない。いい部下を持ち、彼に十分、働いてもらえれば上司の評価も上がるのだ。

「何でも報告しろ」を口先だけにしない

ミスをきちんと報告する部下を育てることができる上司は素晴らしい。

部下は、長い間上司から裏切られ続けている。会社は順調に出世する人ばかりでできてはいないから、永遠に平社員という人もいる。そういう人はずっと裏切られ続けている。

「何でも報告しろ」と言われて、懸命にまじめに報告をすると、「なんだお前は、こんなことも自分で解決できないのか」と怒られたりする。このように本当に部下は裏切られ続けているわけだ。だから容易に上司の言葉を鵜呑みにしなくなっている。

部下を育てようと思ったら、きちんと、ミスを報告することを徹底させることだ。そしてミスはよくあるものと、その報告に対して謙虚に傾ける耳を持つことが大事だ。

ミスを報告しなさいと口では言いながら、実際に報告が上がってくると、どうしてこんなことになった！　と激怒する上司がいる。

部下にしてみたら、上司に責任を及ぼさないようにこっそりと処理をしていることが多い。その部下の気持ちを汲んで、いざぎりぎりになったときには、お前と一緒に腹を切るよという覚悟が上司にないといけない。この覚悟があればこそ大きな事件に発展するようなミスをあらかじめ防ぐことができるのだ。

たとえば、部下から上がってくる営業日誌には、「今日もいい天気」の類の報告だけしかないとする。そこには一切、お客さまの苦情も、ミスも書かれていない。これはおかしいと思わねばならない。

銀行のたいていの支店には、毎日一〇〇〇人以上のお客さまが来店する。何もないことなどありえない。このようなときは、「毎日、これだけのお客さまが来られるのだから、何かクレームを言われ、またほめられることもあるはずだ。そういうことを日誌に書きなさい。特に苦情を言われたら、どんな些細《ささい》なことでも書きなさい。苦情をまったく書いていない日誌は受けつけない」と指導すべきだ。

苦情を上げないというのは部下が上司を信用していないからなのだ。「こういう苦情がありました」と報告すると、「こんな苦情も処理できないのか」と怒るから報告しないようになってしまう。

一緒に解決するという心構えがなければ、苦情は上がってこない。なんでもいいから苦情は全部報告しなさい、と本気で言うべきだ。本気だとわかったら、部下は営業日誌にどんな小さなことでも苦情を書くようになる。

お客さまの苦情は担当者や課長レベルで止まっていてそれより上の上司に伝わっていないから一向に改善されない。すると、お客さまの不満が高じてもっと大きいトラブルになる。だが、役員などの責任者のレベルまで上がるときちんと改善されるから、「よくなったね」という話になる。

そういうお客さまからのいい反応というのは部下にも伝わって、お客さまに対して自然と笑顔が出るようになるから、「いい雰囲気になったわね」というように変わっていく。

私は、担当者と一緒に苦情処理に行って四時間ぐらいお客さまのところに閉じ込められたことがある。そのときはお客さまを殴ろうかと思うほど腹が立ったけれど、我慢して延々と苦情を聞き続けた。

だが、部下からしてみると、この上司は一緒にお客さまに謝ってくれるということになれば、安心してミスを報告してくるようになる。**この上司は裏切らないぞとわかれば必ず部下は変わる。**そうやって苦情の一つひとつを解決していくうちにミスは本当に減っていき、なくなっていく。

「悪い情報ほど上に上げろ」などと口では言うけど、本当に上がってきたときに覚悟ができているかどうか。そこで上司の力量が問われるし、部下もそういう器のある上司かどうかをきちんと見ているものだ。

アンタッチャブルな部下を持たない

部下の仕事を絶えず新鮮な目で見直すことも上司として重要な役割だ。これが組織を活性化させることになる。

あの仕事は彼以外にできる人はいないとアンタッチャブルになっている部下がいることが多い。たしかに滞《とどこお》りなく仕事が回っているから、上司としては何も手をつけないほうが楽だ。しかし、本当にそうかと考える。

あの部下が長くあの仕事を担当していることで本当に役に立っているのかどうか、まわりの部下にも聞いてみるべきだ。

そうすると、非効率な事務をずっと抱えていたり、妙に因習などにこだわって効率化を阻害しているということがある。中には、横領とまではいかなくても、不正を働いている場合もある。

全国の幹部が数百人も集まる会議がある。その会議の運営はある部下が長く担当していた。その会議では、休憩時間にお茶を出すという習慣があった。それも湯呑みで熱いお茶を配るということをずっとやっていた。面倒なことをやっているわけだ。飲む人はいいが、熱いお茶をいれる人、そしてそのあと数百個の湯呑みを洗う人は大変だ。

缶入りのお茶にしたらどうか。湯呑みを洗う役目の食堂の人たちに聞くと、そうしていただけたら大変助かると言う。幹部たちも缶入り茶のほうが手軽に飲めるからいいと言う。

そこで缶入り茶を冷蔵庫で冷しておいて出したらいいんじゃないかと提案してみる。するとその部下は露骨に嫌な顔をして、今までそんなことをやったことがないと答える。

だがそこで上司ならば、彼の仕事は、単に昔からの習慣を守っている自己満足だと判断し、思い切って缶入り茶に切り替えてみる。すると冷たい缶入り茶は幹部たちに好評で、食堂の人たちも大量の湯呑みを洗うこともなくなり大喜び。彼自身も自分の仕事を改革していくことに目覚めることになる。

会社というのは、営業をやっている人間と裏方で支えている事務の人間が協力しないとうまくいかないことが多い。普段は、営業の人間は裏方で支えている事務の人間を軽視して、これ処理しておいてくれ、という態度が多い。だが、お互いを参加させた会議をやれば、お互いの立場がわかり、言葉が通じるようになっていく。

言葉というものは、普段、通じていると思っていても意外に通じていなかったりするものだ。裏方の人間に、営業の人たちの苦労がわかれば、ちゃんと支えてあげようと思うし、営業の人間も裏方の苦労がわかれば、彼らに無駄な負担を与えないようにしようということになる。

その結果、あらゆるところが円滑にいくようになる。いずれにしても習慣にとらわれない態度が大事だ。

部下は上司を試している

上司は部下との約束は契約だと思って厳格に守るべきだ。子どもだっていつも親を試している。それと同じで、部下は、上司を試している。

またこの上司は自分の出世しか考えていない人なのか、仕事ができる部下しか評価していないのか、などもよく観察している。

たとえば上司が部下と一緒にお客さまを訪問して歩くと約束したら、その通りに実行をする。普通は銀行の支店長は以前にトラブルがあったお客さまのところには行かない。あるときトラブル先に、部下が一緒に行ってほしいと頼む。部下は支店長を試しているのだ。

絶対にノーと言い、一緒に行ってくれるはずがないと思っている。だが、そういうところにもあえて行ってみるべきだ。

部下は上司を試す。しかも部下は一回だけ試す。その試験に上司が合格しようとしまいと、あくまでもその一回で、その後は試すようなことはしない。合格した上司の下では部下はやる気を出すし、不合格の上司の下ではやる気をなくすだけだ。

部下の向こうにはお客さまがいる。部下がうれしいとお客さまもうれしいものだ。そして、その担当者をなんとかして偉くしてやりたいと思っているお客さまのほうが多いわけだから、担当者が暗い顔をしていたらいけない。現場の上司は絶えず部下の向こうにはお客さまがいると考えるべきだ。部下の向こうに自分の出世があると思ってはいけない。

できない部下ほどよく観察してあげる

部下に仕事を任せ、何度でも可能性にチャレンジさせる上司でありたい。

あなたが課長だとか部長だとするなら、かなりの評価を受けているのだと思えばいい。それなのにもっと評価されたいと欲ばるから、部下の仕事まで自分の手柄にして、結局は人望を失っていくことになる。仕事のできる上司は、四〇歳ぐらいになったら、会社の中で自分がどの程度の評価を受けているかわかるから、極端にあくせくしない。

ある上司がたたき上げの部下を連れて案件の説明に役員のところに行った。その部下は自分が説明できると思って行ったのに、全部上司が説明しようとする。彼の説明がうまくいかなくなると「ちょっとキミ」とか、「なんだ、この書類、間違っているぞ」と役員の前でその部下を注意する。自分はエリートだ、という意識で部下を小ばかにしているのだ。しかしその上司は、結局それ以上偉くならなかった。自分が見えなかったのだと思う。

本部から離れて現場に異動すると、出世のためには本部に近づいていなければならないと不安になる人が多い。本部から離れたことが不安でしょうがない、絶えず接点を持ちたい。だから本部に日参して、自分がいかに立派な仕事をしているかを宣伝したくなるのだ。

ところが自分は本部などに日参せず、役員への説明には、部下を行かせるようにすれば、部下は一所懸命説明資料を作る。それだけで部下の能力がアップする。部下から説明資料を見せてもらい、「これで自信を持って説明してきなさい」と言えばいいわけだ。

部下からの説明を受けた役員もその上司のところに、「君はいい部下を持ってるね」と必ずほめ言葉を伝えてくるだろう。それを自分がやった、やったと言いに行ったら、聞いている役員も気持ちがいいものではない。

昔は、「陰徳を積め」という教育を受けた。人の目立たないようなところでもちゃんと徳を積んでおきなさい、という意味だ。小学校、中学校でもそういうことを教えてくれた。

部下には、仕事のできるのとできないのとばらつきがあり、大学受験の偏差値が高いけれど仕事の要領はだめというのはいっぱいいる。できない部下ほどよく観察して、どこに指導の力点を置いてやればいいか、いろいろなやり方で試して、「ああ、これもだめか」ということになったとしても諦《あきら》めないで仕事を任せていく。

たとえば、営業でこれが当社の目玉だから売ってくるようにと命じたとする。すいすい売ってくる部下と、なかなか売れない部下がいる。売れないからといって営業から外してはいけない。

ではどうするか。銀行でいえば不良債権の担当にさせてみようかと考えてみる。不良債権の担当にして、「不良債権の事務も勉強してみなさい。ここで勉強しておいたら次のときのステップになる」。そう諭してあげる。それがうまくいけば、その分野で仕事を広げられるし、それでもうまくいかなかったらさらに別の方法を考えるべきだ。

人事に関しては我慢をしながら、どういうところに部下の適性があるかを見つける必要がある。これができなかったからこの部下はだめだという安易な結論は出さない。我慢強さを持っていることも上司の条件だ。

第2章「仕事の壁」を乗り越える

―「活かす」上司はどう結果を出しているか―

部下を「活かす上司」「殺す上司」——あなたはどっち？②

- □ クレーム対応は面倒なことになるので、なるべく手をつけない
- □ 取引先には、見込みがなくてもとにかく玉砕覚悟で交渉に行く
- □ 自分の評価は、チームではなく自分がどれだけ成果を上げたかで決まる
- □ 高い成果を上げる上司は、すなわち優秀な上司である
- □ 自分が朝早く出勤するため、部下をさらに早く出勤させている
- □ 成果を上げない部下をあまり相手にしない
- □ 本部から指示された数値目標は、ただそのまま部下に伝える
- □ 良い成績を出すため、とにかく部下の尻を叩いて厳しく接している

1　問題が起きたときどう処すべきか

エリートほどいざというとき逃げる

企業不祥事が起こったとき上司としてどう解決にあたるのがベストだろうか。いたずらに騒ぎたてたり、自己保身に走ったり、あるいはこの機に乗じて自分の立場を押し上げようとしたりすることは愚かな上司のすることだ。こういった「私」的利益を図るのは企業内エリートが多い。真のエリートではない。最高の上司は企業不祥事を経営改革のチャンスととらえて、積極的に火中《かちゅう》の栗《くり》を拾わねばならない。

幕末という炎が燃え盛る中で、明治維新後の姿を思い描いて行動していた坂本龍馬こそ真のエリートだという。たとえ道半ばで倒れようとも、彼のように最高の上司なら「公」的利益に殉じるべきだ。

私が広報部に在籍していたとき総会屋事件があった。総会屋というのは株主という立場を利用して不当な利益を貪《むさぼ》る者のことだが、背景に暴力団が存在することが多い。第一勧業（現みずほ）銀行では長年にわたり、彼らに融資などで便益を図ってきた。たとえば、彼らからの融資の要求を受け入れ、実質的に審査なしで融資をし、不良債権化しても回収しないなどだ。また彼らの発行する情報紙・誌などを大量に購入していた。なぜこのようなことをしたのかというとすべて彼らの持つ暴力への恐怖だった。

一九九七年五月二〇日、東京地方検察庁特捜部の強制捜査が第一勧業銀行本店などに入り、一挙に事件化。頭取経験者など一一人が逮捕され、元頭取が一人、自殺するという未曾有《みぞう》の経済事件となった。この事件は金融・証券界に大きく拡大し、山一證券破綻、日銀・大蔵省不祥事へと発展し、その結果大蔵省は解体されるという事態にまで至ったのだ。事件については拙書『座礁―巨大銀行が震えた日』（朝日新聞社刊）に詳しい。

事件直後、銀行で購読していた総会屋などからの情報紙・誌をすべて断った。すると右翼や総会屋などが、謝絶の理由を示せと文句をつけに銀行に押し寄せてきた。

私は広報部次長のポストを捨て、社会的責任推進室という事件後の経営改革を担うポストを新設し、そのリーダーを買って出た。メンバーは私の下に一〇名。ことは重大である。銀行全体の問題だ。なぜなら総会屋などとの関係を断絶することが信用回復の第一歩だからだ。

私は本部のエリートたちも含めて、クレーム処理に当たることにした。彼らに問題を正面から受け止めてもらうためだ。彼らを遊軍として位置づけ、右翼や総会屋が来たら私やメンバーたちと同席してもらうことにしたのだ。

そんな緊急事態のとき、どういうタイプの行員が一番役に立ったか。それは、いわゆる出世を望まない、たたき上げで支店長になったような行員たちだった。あるいは立場は同じ次長でも、エリートではない事務などの、どちらかというと裏方のセクションの行員だ。

いざ銀行を揺るがすような大事件が勃発《ぼっぱつ》した際、頼りになったのは、果たして非エリートの彼らだった。逆に頼りにならなかったのは、普段、偉そうにしているエリートたち、順調に出世の階段を上っている行員たちだった。

彼らが右翼や総会屋と直接交渉するわけではない。交渉する私たちメンバーの横にただ座っているだけでいい。相手が二人で来たら、こっちは三人。三人で来たらこちらは四人。とにかく相手以上の人数で会いなさいと警察から助言を受けていた。私たちメンバーはたったの一〇人しかいない。だから彼らに隣に座ってもらっただけなのだ。失礼な言い方だが「枯木も山のにぎわい」ということだ。それでも相手を威嚇する効果は十分にある。

右翼が来た。私は一緒に戦ってくれる人間を募った。誰もが下を向いていた中で「私が行きます」と手を挙げてくれたのは事務セクションの次長だけだった。右翼との交渉が始まった。同席してくれた事務セクションの次長は、相手のあまりの凄《すご》みに震えながらも何も言わず、じっと耐えて、横にいてくれた。おかげで警察の助言通り、相手より一人多かっただけで交渉はスムーズに進んだ。交渉が終わった後、彼は、張り詰めた表情のまま、私にこう言った。

「私たちは営業店に行ったことがありません。みんなの下支えのような裏方の仕事ばかりしています。今回、こういう機会を与えてもらってありがとうございます」

事務セクションを担当していたが、彼らは一様に現場力のある人間たちなのだ。

上司には現場力という力が必要だ。たとえば、相手から短刀とか包丁を目の前にドンと突きつけられても、怖れず、怯《ひる》まず、毅然《きぜん》とし、その場の空気に耐えられるような力だ。出世が順調なエリートはたいてい、目の前の机に短刀を突きつけられたら動転し、ふらふらっとしてしまう。事務セクションの人間や推進室のメンバーたちが私に言ってくれた、今でも忘れられない言葉がある。

「江上さんね、私らは自分の命はどうなっても構いません。もう一度、この銀行をみんなに誇れるような銀行に作り変えたいと思います」

実際にそのような気概を持って、どのようなときも逃げることなく、彼らは事態に対処してくれた。まことに頼りがいがあった。彼らこそ真のエリートだ。

しかし実際のところ、クレーム対応などをやるのは間違いなく会社の中で得るものより失うもののほうが多い。だから、いわゆるエリートは躊躇《ちゅうちょ》する。手を挙げて、彼についていったほうが得なのか、そうじゃないのかということを瞬時に見極める。その結果、得ではないと判断して手を挙げない。見て見ぬふりをする。言わば「洞ヶ峠《ほらがとうげ》をきめこむ」のだ。ただ悲しいかな、その見極めが優れている人間が会社ではえてして出世して偉くなる。しかし、それが人間的に偉いのかといえば、それはまったく別次元の話だ。

不測の事態のひと言は決めておく

真のエリートとは危機になればなるほど冷静に、かつ勇気を持って大胆に行動することができる人間のことをいう。だが、こんな人間はめったにいない。普段いろいろと訓示を垂れていても、危機になると地位の高い人ほど頭の中が真っ白になり、動揺する。自分の立場のみに心を砕くからだ。平和に過ごしているときは立場を利用して大きな顔をしているが、想定しない事態が起きたときに頭の中を支配するのは、やはり自分の保身しかない。

東大出のエリートが、他の支店長を巻き込んだ不正をした。かつて世話になった上司が今金に困っているので融資してやってくれと、ある支店の支店長に不正融資をやらせ、その金を使い込んだのだ。エリートの彼についていれば自分も偉くなれる、ぐらいにその支店長は思ったのだろう。自分が騙《だま》されたことを知って、その支店長は責任を感じ、失踪《しっそう》し、不幸なことに山中で首を吊って自殺してしまった。

人事部から広報部に発令を受け、広報部に着任するかしないかのときだった。人事部主催の送別ゴルフの最中、失踪した支店長の自殺体がある県の山中で発見されたとゴルフ場に電話がかかってきた。緊急事態だったので、私はすぐにゴルフ場から本部の各部に指示をして役員も含めて集まってもらった。

もちろん、私もゴルフを中断して飛んで帰った。会議では私が議長になり、真相の究明、大蔵省への報告、警察への協力依頼、新聞にはどう報じられるかを検討した上での、マスコミ対策など、今やるべきあらゆることをホワイトボードに書き出し、支店長の遺体の搬送からお葬式の手配まで具体的に会議出席者に指示した。私は次長、相手は部長や役員たちだ。立場を超えた指示だった。

その結果、その事件はあまり大きな話題にもならずに事なきを得た。だが、そのときに当時の直属の上司に呼ばれて、「なぜ君は広報なのにこんなことをして問題のすべてに手を突っ込むのだ。広報は事件が起きたときのコメントを考えればいいんだ」と厳しく叱責《しっせき》を受けた。

「それは違うでしょう。事件の真相などをきちっと把握するようにしないと、本当の広報はできないんじゃないですか」と私は反論した。

上司が私を叱責したのは、余計なことをやらないというエリート独特の発想だ。下手に手を突っ込むと大火傷するし、どう処理していいかもわからない。余計なことをやり、ミスでも起こせば大変なことになるという思いが、ちらっと脳裏をよぎっただけで思考がストップしてしまうのだ。

後に頭取になるだろうというような評価の高い人間でさえ危機に際しては、一切判断や思考を放棄してしまう。当事者として問題解決に当たっていた私が、緊急事態のために廊下を走るように急いで歩いていると、エリートたちは隠れてしまう。それはまるで忍者のようで廊下の壁と同じ色になったかのように見えなくなってしまうのだ。私と目を合わせたり、かかわりあったら大変だということなのだろう。ところが彼らは、物事の帰趨《きすう》が見え始めると、またどこからともなく現れてくる。

余談だが普段から下着はよく取り替えておけと言う。何時でも何が起きるかわからないからだ。そこで、**上司になったら、不測の事態に備えて、そのときに「発するひと言」だけは、あらかじめ考えておいたほうがいい。**慌てふためいてわめき散らしたら一生の恥だ。

火中の栗はとりあえず拾う

何事も当事者意識が重要で、問題解決に飛び込んでいく勇気を持っているのが真のエリートであり、最高の上司だ。組織で要領よく生き残っていくような人間は、火中の栗を絶対に拾わない。火中の栗を誰かに触らせて火傷するやつには火傷をさせて、ほどよく栗が冷めて、もう熱くないという状態になってからようやく拾いに来る。

このような人間は真のエリートとは言えない。だが会社組織の中では、彼はエリートと言われているだろう。こういう人は必ず生き残る。なぜなら失敗をしないのだから。彼はそういう価値観を持っているのだろう。おそらくその彼は、それで人生が楽しいのだ。

しかし**火中の栗を拾わないと問題の重大さも、その本質もわからない。**上司なら絶対に火中の栗を拾いに行くべきだ。たとえ、怖くて火中の栗を拾う勇気が持てなくとも、熱い栗をずっと持ち続けたら火傷してしまうかもしれないが、それでも拾いに行くべきだ。もし本当に熱かったら他人に渡してしまう、それぐらいの気楽な気持ちでも十分だろう。

「火中の栗を拾いに行かないと、熱いかどうかわからないでしょう。本当に熱くて火傷しそうなら触らなければいいじゃないですか」

危機のときはそう言って、怖れ、怯んでいるトップを納得させる必要がある。

大きな事件が起きて、会社がひっくり返るかもしれない有事のときは、火中の栗を拾うタイプの人間と、ほどよく冷めてから拾うタイプとの差がはっきりと表れる。

ほどよく冷めてから拾うタイプのほうに圧倒的に、いわゆるエリートが多い。しかしエリートは会社に対する忠誠心がない。自らに恃《たの》むところが多いからだ。どこでもやっていけると思っているのだ。こういうタイプは危機のときにはまったく役に立たない。

本当に大きな問題が起きたときに備えて、現場に強い人間、信頼できる部下をいつでも自分の手元に引き戻せる部署に置いておくことができれば、理想的だ。危機に対処する武器の備蓄のようなものだ。

真のエリート、すなわち最高の上司は「常在戦場」の気構えを持っていなければならない。会社に不祥事が起きたときにこそ人間の力量が試される。乾坤一擲《けんこんいってき》、逃げない勇気を持ちたい。

2　どんなとき妥協すべきなのか

保身から走った妥協は自分に返ってくる

上司として筋を通し、信念を持って仕事に励《はげ》むことは当然だ。しかし、いつも突っぱっているだけでは仕事はうまくいかない。妥協をどうするか、その見極めは上司にとって望まれる資質のひとつだ。

『論語』に「君子は器ならず」という言葉がある。君子は何かひとつの用をなすだけの器であってはならない。用途に応じて変化することが必要だという意味だろうか。たとえば、いつも同じ交渉術ばかり押し通して、妥協を排し、完全な勝利しか認めない上司がいたらどうだろう。このような上司は一時的に勝利しても相手の恨みを買うなどして結果として敗北することになる。

最高の上司は、相手に花を持たせる、相手に応じて自分の器を変化させることができなくてはならない。それを「妥協」と言うのだが、その場合でも導き出された結論に言い訳してはならない。妥協の産物だなどと揶揄《やゆ》してはならない。

積極的な「妥協」こそ、上司の真の器なのだ。 ところが「妥協」には部下の眼を意識しておく必要がある。というのは、突っぱらなければいけないところで「妥協」してしまう上司ほど、部下から頼りなく見える上司はいないからだ。

しかし、実際、これは「いい妥協」なのか、「悪い妥協」なのかを判断できない愚かな上司が多い。たとえば新規開拓で非常にいい成績を上げたチームがいる。成績を上げれば、新規開拓の正式な課に昇格させて本部から課長を持ってくるという約束を上司が部下にしていた。新規開拓というのは、いいときは人材を当てるが、悪いときは削るようなことがあるのでやっと認められたと部下は非常に喜んだ。

ところが、肝心の課長が来ない。本部が人員不足を理由に課に昇格させることを拒んでいるのだ。「課長を連れてきて課として独立させると言ったじゃありませんか」と部下が問いつめると、愚かな上司は、「君たちが人事部に課長が必要だという案を書いてくれ」と答える。上司は人事部という権威に突っぱり続けることができないのだ。安易に「妥協」して本部に課の新設は不要だと答えてしまったのだ。上司の腑甲斐《ふがい》なさに部下のやる気は当然にして失われてしまう。

部下のモチベーションを著しく下げる「妥協」はするべきではない。サラリーマンとして無難な道を歩いていきたいと考えるから本部には楯突《たてつ》きたくない。上司は、よほど胆《きも》の据わった人間でない限りは、役職が上がっていけばいくほど、失敗するのではないかと意味のない重圧に屈することになる。ある種の恐怖心だろう。だから出世すればするほど器がどんどん小さくなっていくのだ。

しかし、**部下のことを考えない自分の保身から行った「妥協」は回り回ってその上司の首をしめることになる。**

会社では三回我慢してみる

何事も一回でうまくいくと思ってはならない。上司には自分が良かれと思ったことは何度でも提案してみる粘りが必要だ。必ずその提案に最適なタイミングがあるものだ。

会社で何か新しいことをやろうとしたら、最低三回は我慢しないといけない。ある種の「妥協」かもしれないが、それがいい結果にもつながっていく。

一回声を上げる。こういう事業をやりたい、こういうものを実行してみたいと提案する。しかし反対されたら、一回は引き下がる。それくらいの妥協がないとうまくいかない。新しいことをやろうとするとたいてい小役人みたいな人間が反対するものだと相場が決まっているからだ。

ここぞ、という乾坤一擲のときでも一回は引き下がる。しかしこれはいけるとさらに自信を深めたら、キーマンを粘り強く説得していく。

引き下がるというのは勇気だ。この勇気がないと何事もうまくいかない。

日本人は突撃好きで、最後まで戦い抜かないのは弱虫だとか言うが、そうではない。マッカーサーだって一回、戦線を退いている。「アイ　シャル　リターン（私は必ず戻ってくる）」ではないが、必ず勝負に勝ちたいと思ったら、少なくとも最低、三回は我慢する覚悟が必要だ。

すぐに「おお、いいね」なんて言われるのは、大したアイデアではない。

「これはだめだ、これはおかしいよ」と反対され、一回は、引き下がる。

そして熟慮する。なぜ反対されたのか。その上司が悪いのか。あるいは、アイデアそのものが時期的にはちょっと早すぎるのか。その見極めをする。

二番目に発売したものは必ずヒットするという説がある。世の中に受け入れられるとか、世の中で役に立つということではない。時機を見て再度提案するという意味だ。それまでに反対された理由への反論の補強材料をつくっておく準備は必要だ。

だから**一回では諦めない。むしろ一回引き下がるのも戦術、ぐらいに考える。引き下がっている間に他社の失敗とかが出たりするものだ。**

最初は反対されたり予算をつけてもらえなかったりもするだろう。だから、小さく始めてもいい。いずれこれは大きくなると思ったら粘り強くやっていく。

どんなことでも本気で考えていたら、その案は自分の中で膨《ふくら》んでいくものだ。それが**一回、反対されただけですっと消えてしまうような案なら真剣に考えていない証拠であると思って最初からやめたほうがいい。**

朝令暮改は人の常、世の常とか言って、昨日言ったことを今日変える、これこそ名経営者だなんて言う上司がいるが、それは違う。中には間違いを認める勇気ある経営者もいるが、それは例外だ。

朝令暮改の上司は、ただ単に主義や信念がないだけだ。それと同じように、朝提案したことが、自分の中で夕方にはすっかり消えてしまうような案は本物ではない。

しかし部下が何回か上げてきた案を、「これはだめだ」と却下したら、上司としてはそのことをきちんと覚えておく必要がある。見込みのある部下の提案を却下する場合は、一方的にだめだではなくて、こういう理由でだめだときちんと説明する。

その部下は、何か月後、あるいは一年後に、その企画を形を変えて、もう一度提案してくるかもしれない。そのときは覚えておいて、前回と比較してどこがいいかを適切に答えてあげることが必要になってくる。

むしろ部下がもう一度上げてくるのを楽しみに待つぐらいの度量がほしい。

3　相手との交渉事では何が必要か

玉砕覚悟は交渉ではない

交渉には結果が求められる。タフネゴシエーターとはその結果に向かってあらゆる戦術、粘り腰を駆使する人間のことだ。

仕事は楽しいばかりではない。むしろ上司になれば難しい交渉事が多くなる。上司にとって、タフネゴシエーターの称号は必要不可欠なものだ。

不可能と思われる営業や、融資を絶対返済しないと拒否している相手から返済してもらうような交渉のとき、どういう心構えを持って相手と交渉していくべきか。暴力団への資金回収というのはその点でいくと究極の交渉事だった。例として取り上げたい。

「一〇年も二〇年も一銭も返せと言ったことがないのになんで今さら返せと言う。俺にももっと金があったときがあった。そういうときに一回も返せと言わなかったくせに、金がなくなったときに返せとは何事だ。お前ら、俺をなめているのか！　えー」

と脅迫のような文句をつけられる。

それでも何がなんでもしゃにむに回収にいくという交渉はよくない。

まったくの無手勝流《むてかつりゅう》で、どこへ着地してもいいと思って当たるのは交渉ではなく、単なる突撃だ。玉砕覚悟みたいなことは、交渉ではないと考えたほうがいい。

ある程度、自分で着地点を見定めてから交渉を始めるべきだ。そんなに難しい交渉でなく、普通の商行為でも同じだ。どの程度を着地点とするかが重要になってくる。

一〇〇％の果実を取れるのか。それとも八割なのか七割なのかを見極めて交渉にかかる。さらにはそれが交渉している自分や部下の成長につながることになるのか。リスクのある相手の場合、自分だけでなく、一緒に交渉している部下に危害を加えられる危険性も出てくる。指一本でも怪我をさせられるようなことがあったときどう対処すべきか。そういった危機管理対策をあらかじめ想定しておく。

実際、俺はヤクザだからと返済を完全に滞らせたりして居直っている人間は山ほどいた。回収現場へ出向くと、俺のダチ公は〇〇組だと脅したり、突然日本刀を振り回したりされたことも数度ではない。以前、旧住友銀行の名古屋支店長が朝刊を取りに出たときに銃で射殺された事件があった。背景として、不良債権が絡んでいるとされた。この事件は銀行員なら誰でも知っているから「難しい先と交渉するのはやめよう」という空気が銀行界に蔓延した。銀行の本部には各営業店から「俺は殺されるのは嫌だ」と回収交渉拒否の電話が頻繁に入った。誰もがトラブルの発生しそうなお客さまとの交渉をストップしてしまったのだ。

建前だけの回収になった。五億ぐらい借りて遅延損害金などを合わせると元利合計が一〇億円ぐらいに膨らんでいるのに毎月一〇〇〇円ずつ回収する。銀行員が鞄を持って「今月の返済お願いします」と行くと、日本刀をポンポンと綿毛のようなもので手入れしながら、一〇〇〇円札を「ほら、持って行け」と投げてよこす。それを恭《うやうや》しく「ありがとうございます」と言って帰ってくる。

まだ金融庁がなく、サービサー（債権回収専門会社）もできていない時代だ。相手は豪邸に住んで女と遊んでいるのに銀行はトラブルを避けるため、病気で一銭の収入もないというような虚偽の書類を作成する。そこまでして回収できませんと偽って、なんとか貸出金を償却してしまおうとした。

そこで大蔵省との癒着が起きた。普通の民間企業も、売上金が滞った場合、無税償却を実施する。しかし無税償却を実施するためには国税とのハードな交渉をしなければならない。有税で引き当てておくが、利益がないから無税にしてもらいたいと国税庁に頼みに行ってもなかなか、無税にしてくれない。

ところが銀行の場合は、大蔵省検査局のお墨つきさえあれば、国税は全部無税償却してくれた。企業でも個人でも融資について、銀行がここの融資先については滞りがあって回収できない、相手に返済できる能力はありません、という書類を作ればいいのだ。

自己破産をしたら借金はなくなるが財産は全部没収される。ところが自己破産もしないのに借金がなくなる人間がたくさんいる。むしろ借金を返済できなくて自己破産をするのはまじめな庶民だけだ。本当に悪いやつというのは自己破産はしない。それなのに借金がなくなるのは、銀行が償却という方法でその人間の借金を消してしまうからだ。

暴力団との関係が疑わしい人間への貸出金を、銀行は回収できませんと処理していた。総会屋事件の後、そのツケが全部回ってきた。調べたら全国の支店にものすごい件数で、ものすごい金額があった。

警察や顧問弁護士に相談した際、どうせならこれを一気に片づけると言った。すると戦線を拡大するなと諭された。命の危険に晒《さら》されるからだ。ただでさえ総会屋事件の原因になった大物に対する不良債権がある。その他に、大物総会屋や暴力団関係者に対するものもある。それだけでも何十件何十億円とあるのに、全国の支店の妙な不良債権にまで手を広げたら大変なことになる、という意見だった。

しかし、この際、銀行の中を完全にクリアにしなければいけない、こんなチャンスは二度と来ないと説得した。それは銀行をよくしたいという自負心（プライド）からだった。

いろいろな仕組みとか組織を作ることにしたが、このときも反対された。だが、やみくもに突撃したら負けだからトップの説得に努力した。警察の幹部にどう根回しをするか、全国の警察にどう協力をしてもらう仕組みをつくるか、また銀行内部の理解を深め、部下を集め、どういうチームをつくるか、とにかく考えぬいて作戦をたてた。どんな些細なことでも人・物・金を含めて必ず勝てる仕組みをつくってから、交渉を始めるのが重要だ。

撤退する条件も決めておく

上司は結果を出さねばならない。そのためには勝利の条件を戦う前に決めておかねばならない。どこまでいけば勝利と言えるのか事前に決定しておくのだ。それができない上司は必ず戦争（交渉）に敗れるだろう。

「君しかいない、やってくれよ」と頼まれたときにどうするか。

そういうふうに頼まれるぐらいの人だったら、大体この辺に着地できるなということはわかるはずだ。今の陣容で一〇〇％勝てると思ったら、「はい、わかりました」と承諾すればいい。今の陣容では五割しか勝ち目がないと思ったら、「社長、八割勝ったほうがいいんですか、今の陣容では五割しか勝てませんから、権限、予算、陣容を揃えさせていただきます」と主張すべきだ。

撤退するときの条件まできちっと出しておかないといけない。そんなことを言うと、弱気で、へ理屈ばかりの気難しいやつだと嫌われるかもしれないが、玉砕するわけにはいかない。交渉に際して、男の美学とか何とか言って無手勝流で突撃するのは愚かな玉砕型上司だ。

勝てるだけの物量が必要だし、組織人である以上はどの辺まで突っ込んでいき、どういうタイミングで撤退するか、その言質《げんち》を社内的にも取っておかないといけない。

それは卑怯《ひきょう》なことでもなんでもない。普通の商行為でも、たとえ他の取引銀行が融資を引き上げなくても、このような事態になったら単独でも退くとか決めておくべきだ。交渉する場合は、一〇〇%勝つケースばかりをイメージするのもいいが、最高の上司なら最悪の事態のとき、またはこういう条件になったら撤退する、一旦《いったん》引き下がって戦線を立て直すなど、常にリスクに備えておくべきだ。

勝つためには、相手より物量、スタッフを含めて強化してやったほうがいい。ある自動車メーカーが、私のところに警視庁を通じて相談に来たことがあった。このメーカーも総会屋事件を引き起こしてしまったため社内体制を立て直すことになったのだ。そこで先行ケースとして話を伺いたいとのことだった。

内容を聞くと彼らには何にも与えられていないことがわかった。予算もない、権限もない、スタッフもいない。その状態で、総会屋とか暴力団に対応することは無理だ。私は、「社内を健全で、法令遵守、コンプライアンスを明確にした経営に立て直すためには、権限やスタッフなどが必要になる。それを一切与えられずにやるということはあなた方が損するだけだからやめなさい」と助言したことがある。彼らは暗い顔で帰っていった。残念ながらその後、そのメーカーは再び大きな不祥事に巻き込まれてしまった。嫌な予感が的中してしまった。

4　本当の意味で結果を出すとは

媚を売る選択肢はない

できる部下というものは上司にとって両刃《もろは》の剣《つるぎ》だ。いつ本能寺の変を起こされるかもしれないからだ。しかし、どんな部下でも使いこなせないと最高の上司とは言えない。

会社の中で選ばれてプロジェクトのリーダーになる。請け負う以上は、どの程度の結果を期待されているか、自分である程度判断しないといけない。

結果を出すというのは、全面勝利でなくてもいい。リーダーになるくらいの人だったら、どの程度の結果が出るかというのはわかるはずだ。

そこまでわからないリーダーの場合、本当に期待されてリーダーを任されたものなのか、逆に、どちらかというと冷や飯を食わせるための見かけだおしの仕事に近いものなのか、その見分けも大事だ。

いずれにしても何らかのプロジェクトを任せられるということは、それまであなたがそれなりの結果を残しているからだ。しかし、サラリーマンは、ただ結果を残せばいいのか。そう考えると必ずしもそう言い切れないところが難しい。

トップにすれば結果よりもご機嫌伺いにくる人間のほうがかわいい。特に、平和な時代だとその傾向が強くなる。つまり平時と有事では頼りになる部下が異なってくるのだ。有事のときに結果を残していても、平時になってから、ご機嫌伺いにこないようだと、あいつは何か企んでいるに違いない。自分のことをばかにしているんじゃないか、そういう疑心暗鬼にとらわれるトップがいる。そのため、たいてい自分がトップになんとなく嫌われているとか、なんとなく疎《うと》んじられているというのは、組織のある程度上のところまでいくと皮膚感覚でわかるようになる。

もしあなたがトップに媚《こ》びない人であれば、あなたを心配して、「大丈夫か」とご忠告してくる人間がいるはずだ。「お前、あの人にあんまり逆らうんじゃないぞ」という電話がかかったりする。目の上のたんこぶではなくて、あなたは目の下のたんこぶ。

「あの人、君のことについてこの間こんなこと言ってたよ、何かあったの」

「ひと言詫《わ》びを言いに行ったらいいよ」

などと心からのアドバイスをしてくれる人もいる。

そのときに「わかりました」と上司に媚を売りにいくのもサラリーマンとしては許されることだろう。かわいいやつだと思われるのは、サラリーマンとしてのひとつの処世術だから。しかし、あえて無理してでもその処世術を選択肢に入れないほうがいい。それを入れると一生奴隷になってその上司から抜け出せなくなる。

栄転でも左遷でもポリシーは変えない

上司の評価を気にしすぎて、一喜一憂することは愚かなことだ。なぜなら上司の評価は自分の自由にならないものだからだ。そんなものを気にするより、自分の実力を磨くべきだろう。

サラリーマンとして、大した実績も上げないで出世したいと思えば、上司に媚を売ったほうがいい。

だが豊臣秀吉にしても、草履を暖めただけで偉くなったわけではない。きちんと現場で戦って完璧《かんぺき》な勝利かどうかは別にしても、勝利を上げた。いろいろなところで勝っているからこそ評価が高かったわけで、草履を暖めただけではだめだ。

でも多くの人は、草履を暖めたほうがいいのかな、と思う。媚を売らないで過ごして、かつ冷や飯を食うことがないようにするには、圧倒的な実績が求められる。

私が、高田馬場支店の支店長の発令を受けたときのことだ。私は喜んでいたのにまわりの本部エリートからみたら、左遷人事に映ったようだった。

ある役員から、「君には今度、高田馬場の支店長になってもらいます。あそこは初めての支店長で行くような規模の店ではない（数か店を経験したベテランが行く支店であり、私の今までの実績に十分配慮したという言い訳）けど、そのかわり不良債権などの問題も非常に多い。そんな難しい店に行かせるのは申し訳ない」と言われた。

また別の役員からは、「君は本部ではずい分いろいろやりたい放題やって、力を揮《ふる》っていたけれど、今度、支店の現場に行ったらどんなふうにやるか、みんなが興味津々で見てるからねえ」と皮肉たっぷりに言われた。

「今まで順調に出世していたのに、これで江上は出世のラインから外れたなあ」

と陰口を叩く人もいた。私が当時の実力役員にまったく媚を売らないから、いずれ干されるに違いないと思った人間が多かったのだ。

こんなことを言われてはサラリーマンとしては悔しさ半分、残りの半分は、なんとなく寂しい気持ちもある。だけど、そこは切り替える。左遷人事であろうと、なかろうとさっと頭を切り替える。

支店に行ったときに、じゃあ、すぐ本部に戻してもらおうと焦ったり、本部の指示通りしゃにむに営業成績を上げようとしたり、媚びる形では仕事をしなかった。

ただ自分が任された仕事をきちっとこなし、後ろ指をさされないようにやるだけだ。引き継ぐときにはきれいに引き継ぐべきだと、それだけを考えて仕事に励んだ。

栄転だろうが、左遷だろうが、自分の仕事に対するポリシーや哲学をあっさり変えるべきではない。そうでないと結果的に、自分の品格を落とすことになってしまう。

言い訳のある引継ぎはしない

「後は野となれ山となれ」式や「ペンペン草も生えない」式の仕事を最高の上司なら絶対にやらない。必ず次世代に肥沃な大地を残すような仕事をやるべきだ。

上司の結果は、引継ぎのときにわかる。あなたは、永遠に同じ部署や同じ支店の上司をやっているわけではない。三年だったら三年、二年だったら二年、任された期間を終えて他へ赴任した後、恥ずかしくないように引き継ぐことが大事だ。

着任して、さあやるぞ、というのでは遅い。着任する前に自分が任される部署や支店で、今度はこういう組織を作り、こういう営業をやり、みんなにこう働いてもらおうと考えておかねばならない。それで実際に現場に着任するときには、次にどのような姿で引き継ごうというぐらいのことを考えて、仕事を始めるべきだ。

引継ぎのことを考えていれば、癒着を起こすとか、問題になるような融資をしたりとか、一将功成りて万骨枯るようなマネージメントをするとか、歩いた後にはペンペン草も生えないような仕事はできないはずだ。

サラリーマンである以上、必ず転勤があるわけだから、転勤後の姿、どういう姿で後任に引き継ぐか。着地点を見据えた上で、一年目ではここまで、二年目ではここまでいけるだろうとシミュレーションをしておく。

愚かな上司の場合、引継ぎのたびに、言い訳をたくさん言わなければいけないものだ。

「いや、俺はこんなつもりでこの会社と取引したことはないのに」

「こんな問題債権を残しちゃって、これは相手の社長が悪い」

あるいはずっと以前の支店長が悪いんだとか、そんな言い訳をいっぱい言うことになってしまう。

言い訳がない引継ぎにすることが上司の最低限の条件ではないか。

いい引継ぎをするためにはサラリーマン人生そのものをいつも冷静に見つめておくべきだ。

媚を売る人と売らない人。自分さえよければいいと思う人とそうではない人。どちらを選ぼうと、一回きりしかサラリーマン人生は送れない。

しゃにむに媚を売って成績を上げて出世をして、本部にもう一度戻してもらおうとする人生もあるだろう。こういう媚を売ってサラリーマン人生を送った人がその後、どうなっていったかにも興味はある。決して私が選ばなかった人生だから。

左遷されたとき、上の覚えをめでたくして、もう一度出世街道に戻してもらおうともがく人間。目先のことに振り回されずそこできちんとやっていく人間。どちらを選ぶのもあなた次第だ。その二通りの人生を見比べながら、頭を下げて、媚を売って嫌な上司の軍門に降《くだ》るか、自分でプランニングして戦ってみるか、どちらが実り多い人生を歩めるかをシミュレーションするべきだろう。

媚びる自分と媚びない自分。そもそも人間の中には、単純には割り切れずにその二つが同居しているように思う。トップに文句を言って外に出されて、恨みに思っているうちに自分が壊れていく人もいる。いずれにしても自分をしっかり持っていたい。

「認められるときが来る」のを信じる

「人知らずして慍《うら》みず」という『論語』の言葉がある。人に認められないからといってくよくよすることはないという意味だ。必ず認められるときがあると信じ、そのときのために自分を鍛えておくことが重要だ。

トップに媚びなければ、結果として疎まれることになる。そうなればたいした出世は望めない。そういう人生は、サラリーマンとしてどうか。幸せなのか、そうでないのか。

自分の主義主張を貫いて疎まれた上司がいた。その人は検査部長で定年を迎えたが、非常に爽やかで部下思いの立派な人だった。バブルのときでも営業店でどんなに本部が、やれ数字を水増ししろ、何でも良いから実績を上げろと言われても必死に抵抗した。銀行には、数字をつくるとか、会社で言えば売り上げをつくるような案件がある。

「これだと単なる水増しというか、目先だけはいいけど、お客さまを苦しめることになる。こんな無理な取引はやっちゃいけない。きちっとやってお互いにメリットのある取引をしないとだめだ」

彼は、部下にそう懇々と教えるような人だった。

部下は、自分の成績を上げたいし、お客さまが納得しているのだからいいじゃないかと、そういう数字づくりの案件を上げた。すると、

「これはお客さまにとってどうなんだ。この企業体力では無理させていないか」

とか、相手の身になって考え質問してくる。

「あっ、そうか、俺は自分の欲に絡んで仕事をしたな」

と部下は反省させられ、そこで銀行員としてお客さまの大切さを教えられたのだ。

その人がA店を任されていたときB店では本部の言う通りゴリ押し販売をする支店長がいた。当然、B店の成績がぐんぐん上がることになる。ところがA店の彼は成績も伸びず表彰も取れない。あいつ何やってるんだという話になる。彼に会うと本部で評価が悪いことを知って「こんな無理なことしてていいのかと思うときがあるよ」なんて寂しそうに笑っていた。

ところが、彼の下で仕事をする部下は、仕事のやりがいや充実感を感じることになる。なぜならお客さまから感謝されるからだ。

ただ、トップや本部から見れば命令を聞かないのだから面白くない。そういう人でも、ある程度は、出世していった。本当はもっと出世してもいい人だったが、最後は、検査部長になった。筋を通し、間違いを許さない部の部長になったのだ。彼は、同期の人間と見比べても自分のほうが絶対に人品、能力も高いと自負心があったはずだ。

与えられたことをきちんとやったから、役員になれなくてもそんなに後悔もない。ところが、媚を売って媚を売って一所懸命やったのにポンと切られてしまったようなタイプは辛い。恨みがいつまでも残ることになる。

総会屋事件のとき、新聞記者からたくさんの内部告発文書を見せられて驚くと同時に、悲しい思いをしたことがある。その束になった文書には出世していった同僚への嫉妬《しっと》、自分を認めなかった恨みが溢れていたのだ。銀行の混乱に乗じて、多くの恨みを持った人が新聞社に送りつけたものだった。こんな恨みを抱いたような人生だけは送りたくないと思ったものだ。

もっと出世したいと焦らない

自分の実力が伴わない人間は上司に媚を売ったとしても最後は疎まれることが多い。

ただこういう人間は傲慢《ごうまん》なタイプが多く、彼に仕える部下は苦労する。

「出世しなくては」

その思いに凝り固まっていると、媚を売っても嫌われることになる。ラインから外れたかもしれない、などとちょっとでも頭をよぎると、焦って、恐怖にとらわれる上司が多い。

一回バッテンをつけられたら、前よりもっと自分を認めてもらいたいとまた媚を売る。そのために部下は使い放題、殺し放題の状態になる。このタイプの上司は結構多い。

サラリーマンとして、みんながトップになれるわけではない。中間管理職のままで終わったとしても、果たしてどちらが自分の充実度が大きいか。

あのとき媚を売って、後から恥ずかしかったと後悔がないほうがいい。そうすれば次のポストにいっても満足度の高い仕事ができる。ひょっとしたら捲土重来《けんどじゅうらい》がかなったり、また時が自分に利するときもあるかもしれないのだ。

結果だけ出せば、上司としていいのか。私はそうではないと思っている。

お客さまから嫌われていた上司がいた。偉い人のお嬢さんを妻にして、それを出世するためにもらったと公言してはばからない。ずっと主流を歩いていて、本店の中を威張って歩き、俺は頭取になるんだと公言するような人間だった。

ところが、まわりからものすごく傲慢だと思われているのを自分では気がつかない。部下を頭ごなしに怒鳴ったり、無理やり従わせるようなやり方をやめればいいのだが、成績を上げることが唯一自分の評価を高めるものだと思っているからやめない。そのため彼が赴任した支店はどんどん荒れていくことになる。その支店長が問題を起こした。無理な貸出金をセールスして大きな不良債権を発生させたのだ。

彼の支店に調査が入った。普通、正常に機能している支店だったら、部下から彼をカバーする声が出てくるはずだ。だが、驚いたことに、支店長を非難する声しか聞こえてこない。

「支店長が全部指示したのです」

「支店長が無理にやらせたのです」

部下の誰一人として彼を弁護する者はいなかった。自分のことしか考えていない上司のあわれな末路だ。

人を踏み台にしない

部下は自分の奴隷、自分のために存在していると勘違いしている上司がいる。部下の人格を認めない上司は上司ではない。

部下の殺し方の見本みたいな上司がいた。銀行は九時に始まる。だから支店長は早くても八時半ぐらいに来るのが普通だ。しかし、彼は八時前には出社している。そんなに朝早くから、前日に自分が与えた課題の報告を部下から、一人ずつ順番に受ける。彼が早朝出社するから副支店長は七時ぐらいに来ることになる。必然的に部下はもっと前に出社する。支店長が前日に与えた課題を部下がやっているかどうか、副支店長はキリキリ舞いして、

「お前はまだやってないのか」

「なんだ、支店長への報告をまとめてないのか」

などと七時過ぎから怒鳴りまくっている。いつの間にかそうなったらしい。

前日に指示した課題の報告が今日出ているか、数字を中心にギリギリ詰める。そうやって

部下を厳しくトレースするものの支店長は一切営業に出ない。お客さまのところへ行かないのだ。当然、トラブルのあるお客さまのところになど絶対に顔を出さない。

八時前に支店長がやって来ると、それだけで店の中はぴりぴり緊張する。一人ずつ呼ばれるから、午前中全部が支店長への報告にあてられる。営業担当者は足止めをくらい、お客さまのところにも出かけられない。

しかし、もっと悲しいのは、彼に呼ばれない部下の存在だ。なんと彼は成績を上げない部下は呼ばないというのだ。

部下を殺す一番簡単な方法は、その部下を完全に無視することだ。

店の中で重要な仕事をしていない営業マン、成績の上がっていない営業マン、期待してもしょうがないと思われている営業マンがスケープゴートになる。そういう人は皮肉にも朝、支店長から毎日怒られている部員が羨《うらや》ましい。

呼び出され、怒られる部下もノイローゼ寸前になっているが、呼ばれない部下はもっと思い悩むことになる。自分はまったく期待されていないんだと精神的にも落ち込む。

たちが悪いことに無意識に無視しているのではなくて、意識的に呼ばない。部下から「支店長」という声があっても気に入らないと返事もしないくらいだ。部下は虫けら同然の扱いを受けているのだ。この支店長の下では、部下の退職が続いた。それは無視された部下だけでなく、よく仕事のできる部下も退職した。仕事に喜びが感じられないのだから当然のことだった。

部下に仕事の喜びを教える

本部の要求する結果だけを求めるなら、**極端に言えば部下をギリギリと追いつめれば、誰でも結果は出せる。しかし最高の上司は部下に仕事の喜びを教えなければならない。喜びを教えれば結果はついてくる**のだ。

これほどお客さまにも部下にもひどい支店長なのだが、結果を出したのだ。収益を上げるという支店の目標があり、貸出金は二〇〇〇億円強もあったので、貸出金利を引き上げれば、それだけで全店でトップになった。

その上司は、お客さまのことも、部下のことも頭にない。ただ自分の結果をいかに出すか、そのことにしか関心がなかった。どんなに無理をしてでもいいから優秀な成績を上げ、表彰を受けることを生き甲斐にしていたのだ。

そろそろ交代の時期になった。そこで次の栄転を目指して、お客さまに対する貸出金利を無理やり上げ始めた。そのため、よく仕事ができ、成績を上げる、お客さまに対する交渉能力の高い部下に過重な負担を強いた。

それまで仮に三〇社担当させていたとしたら、出来の悪い部下から取り上げた三〇社を上乗せして六〇社も彼に担当させたのだ。担当先が急に倍増するとどんなに優秀でも期待通りに働くことができない。支店長からは過剰なプレッシャーがどんどん加えられる。こうなると彼はお客さまに「金利を上げさせていただきます」と電話一本だけして相手の言い分も聞かずに金利をどんどん上げてしまった。

お客さまからのクレームが頻発する。支店長は何のフォローもしてくれない。何のためにこんな仕事をしてるのかと彼は大いに疑問を抱いたのだ。一番優秀な部下である彼がついにキレた。驚いたことに「辞めたぁ」と言って銀行を辞めてしまったのだ。お客さまに喜ばれない仕事など意味がないではないか。

たしかにこの支店長は数字上の結果を残した。しかしこれを本当の結果と言えるのか。会社におけるセールスなど、営業では、短期的に成果を上げようと考えたら、よくできる部下の仕事を増やして、できない部下の仕事を減らせばうまくいく。極端なことを言えば、クビにできるならば、できない部下をどんどんクビにしていくようにすれば必ず結果は出る。

とにかく部下の尻を叩き、恐怖政治を実施すれば短期的には収益や成績は上がる。しかし長期的にみたら、部下の人間性は壊れ、職場環境もズタズタになるのだ。だが、そのときには自分はもう栄転していなくなっている。そういう無責任な上司の結果は、結果と呼ぶことはできない。

血が通った数値目標を掲げる

具体的な数値目標を上司が組み立て、部下に明示することが重要だ。その数値目標には、上司の強い思い、仕事への哲学が込められているべきだ。

数値目標は一見冷たく感じるが、上司の情熱が血の通った数値に変えるのだ。

上司として着任したとき、どのように仕事を進めるかイメージしなくてはならない。

支店の業績が低迷しているのは何が問題なのだろう。

部下の士気を高めるためにはどうしたらいいのだろう。

無駄な会議をどうやって減らしたらいいのだろう。

時間外勤務をどうやって減らしていこう。

こういった諸問題を解決するのに一番効果的なのが、数値目標だ。

ただし細かく数字を積み上げるのではない。

営業現場で部下が数値目標を信じないのは、上司がいい加減に数値目標を出している

からだ。あるいは本部のいいなりに数値目標を与えているからだ。達成しても、また次の数値目標がやってくる。その数値に込められた上司の仕事に対する哲学が何もない。

そんなものは数値目標ではない。

ただただ賽《さい》の河原の石積みのような無限大で無意味な数値目標を与えるから、みんな疲れてしまうのだ。たとえば、時間外を削減しようという目標を掲げたときのことを考えてみよう。

女子行員が当然のように七時や九時ぐらいまで働いている。習い事にもデートにも行くことができない。とにかく内部事務の女子行員たちを五時には全員帰らせよう。五時に帰るという数値目標。そうすると、課長や副支店長が怒り出す。

「そんなこと絶対できません。支店長は事務のことを何も知らないからそういう無理なことをおっしゃるんです」

「わかった。じゃあ、五時に帰れない理由を出してみなさい」

五時に帰れない理由がいろいろと出てくる。こういう会議がある、こういう仕事があるなど、いくらでも出てくる。

それをひとつずつつぶしていく。この会議はなくそう、この仕事はしなくていい。困るか、じゃあ、これに代替すればいいじゃないかとやっていく。

そうやって無駄を削って明確に数値を与えていく。そしてその数値はみんなが楽しく働くためには五時に帰ろうと努力しようではないかという上司の思いを込める。この強い思いが重要だ。しばらくすると現場の課長などから、仕事が早く終わり、五時になったら帰る準備ができるようになったとうれしそうな報告が上がってくる。それで空いた時間を電話セールスや事務の見直しなどに回すことができるようになる。

このやり方はどんな多忙で残業の多い支店でも結果は同じだ。

「不思議ですね」と言う。例えばトップが、いろいろと分散している部門を一本化すると言ったときに、あれも必要、これも必要、とどうしても意見が出る。しかし、トップが一本にならなかったら俺が責任を取るとひと言言った途端に一本化ができる。それと同じことだ。

余分なものをそのまま習慣的に残している方が仕事としては楽だ。しかしそれでは、これも必要だ、あれも必要だ、と勝手に仕事上の無駄が膨らんでしまう。そこで無駄を排除する改革に着手するのだが、その際、数値目標を掲げれば改革はスムーズに進行する。その数値目標を達成すれば、部下が幸せになるならば、彼らも喜んで努力するだろう。

自信のない部下をつくらない

部下が全員、同じ数値目標に向かって心をひとつにするためには、複雑ではなく単純にし、かつ覚えやすいくらいでないといけない。とにかく結果を出していくためには数値目標は単純でいい。

たとえば、銀行の場合でいえば、投資信託はいくらだ、何はいくらだと、あらゆる商品に全部数値目標を決めると大変だ。語呂合わせみたいだが、二・四・六で、新規貸出金は二〇億やりますなど目標も絞ったほうがいい。総花的な目標はよくない。

アルコールでいうと、ウイスキー、ビール、ワイン、焼酎とある。もし事業部が分かれていたならば、支店は、それぞれの事業部からこの商品を売ってくださいと言われることになる。しかしこの支店の二年後、三年後の姿を考えたときに、支店周辺の客はウイスキーを飲むのか、ビールなのか、ワインなのか、焼酎なのか、上司が自分で見極めないといけない。これを見極めるのが上司の役割だ。

まったくウイスキーを飲まないお客さまを相手にウイスキーを二〇億売れといったら、それは問題だ。最終的に何が目標なのかと考えた場合に、個々の商品の売り上げではない。

その支店で年間どれだけの収益を上げられるかが大事だ。利幅はあるが、お客さまにゴリ押しするような商品ばかり売ると、営業店は荒れてしまうだろう。そう判断した際に、自分のところに一番ふさわしいものを、上司であるあなたのリスクと責任で選択しなければならない。

さて、全員で集中的にビールを売ることになった。営業担当だから当然全員がビールを売った経験があるだろうと考える。だが、意外に、ビールを売った経験がない営業マンがいたりする。前任の支店長がウイスキーを売ってこいと言って売りに行った。ところがなかなか売れなくて、じゃあ、ビールを売れと言われたのだが、ウイスキーが売れなかったときの挫折感があるからビールも売れない。自信をなくしたまま何もしないで二、三年過ごしている営業マンがいるのだ。そういった部下の状況を上司は十分に把握していなければならない。なぜ、そんな自信のない営業マンがいるのだろうか。上司が本部ばかりを見て、そちらにいい顔をして、総花的に全商品にエネルギーを割くようなことをやっているからだ。

営業店は何を期待されているのか。上司が明確に意識していないからだ。こういう自信のない部下をつくらないためにはどうするか。

どこに目標を置くかと考えた場合に、今年度は営業店のみんなでビールを売ろうと目標を掲げる。ビール日本一になれたら、みんなが自信をつける。その次は弾みで、焼酎日本一とか、ウイスキー日本一になれたりする。

ところが上司が本部に顔を向けてばかりいるから、あれもやろう、これもやろうということになる。毎日ギリギリとトレースばかりやるうちに部下はくたびれ果てていく。

ようやく目標を達成したと思ったら、また目標が引き上げられて、さあもっとやれと言われる。やってもやっても目標に到達できない。裏切られ続けることになる。だから挫折感ばかり膨んでしまい、自信のない部下がつくられてしまうのだ。

将来をイメージできる部下に育てる

自分が任された支店をどういう姿にして次の上司（支店長）に渡すのか。部下をどこまで成長した姿にして渡すのか。地域のお客さまとの関係をどう改善するのか。完璧なものでなくても、最終着地のイメージをつくる必要がある。これは上司になってから急に思いつくのではなくて、それ以前の段階から準備しておくべきものだ。

過去の取引の経緯から案件まで全部記録しているお客さまファイルがある。そのファイルや資料を、この会社は自分が担当している一年後、二年後にはどのような会社にするか、どのような取引状態にするか、全部一枚の表にまとめた部下がいた。たとえば、この会社の代表者の経歴、資産背景、どういう目的で設立されたかなどもすべて一枚にまとめたのだ。

銀行だから、事務的なこと、約定書とか契約書、保証書、印鑑証明とか、そういったものは今どのような状況か、期限は切れていないか。検査で不備を指摘されたとか、そういったことも全部記録して、一枚の表にまとめる。

この会社に他の銀行は貸出金をこれだけ実行しているのに、当行はできていない。この会社はメインになってもいい会社かどうか。じゃあこういう段取りでメインになっていこうなどという彼の計画までも書いてある。素晴らしい表だ。

彼がイメージしたすべてが一枚で理解できる。これからはこの表に従って取引していけばいい。その結果はイメージ通り実り多いものになるはずだ。取引の将来をイメージして、数値目標を自ら立てる。そんなやり方で仕事に取り組む部下は、必ず伸びていくものだ。

「現認《げんにん》」という言葉がある。刑事や記者が使う言葉ではないだろうか。現場で実態を確認するという意味だ。上司はあやふやな他人の情報では判断せず、必ず自分で確かめるということを身につけねばならない。

結果を出すには、悪い意味ではなく他人の目を信用しないことだ。自分の目で確かめるクセをつけることだ。前任者の目もしかりだ。しかし、権威ある人から指導され、成績がいい先輩から注意されたり、優秀な支店長、マネージャーから引き継いだとすると、彼らの言うことを鵜呑みにしがちだ。

だが、鵜呑みにしてはならない。表向きでは「前任者の通りやっていきます」と差しさわりのないように言ってもいいが、前任者の言うことは絶対に信用しないようにするのを原則にしたい。

銀行の場合、前任者がこういう契約書とか、保証書とかいろいろな書類を徴求したかどうかを記入する欄がある。もし全部徴求したことになっていてもそういうのも全部自分の目で確認して、本当に徴求しているかどうかを点検すべきだ。仮に、社長はいい人で、会社の評判もよい、という記録が残っている。だけど、そうかなと疑ってみることも大事なことだ。

その通りであればいいが、自分の目で見てみると、意外にそれはそうでなかったりする。たとえばレストラン経営のお客さまだったとして、お客さまの入りは前任者が訪問したときに、たまたま混んでいただけだったりする。

一週間や一か月など長期的なスタンスでチェックすると引継ぎのときの数字よりずっと悪いことはよくある。周りに競合店ができて、環境が変わっているのにもかかわらず、前任者の資料をそのまま踏襲する例などが多い。

だから一度全部自分の目で見てみる。これは意外にできていそうでできていない。だが、これをやることによって霧《きり》が晴れるように相手がよく見えるようになるのだ。

銀行が巨額の詐欺融資に騙され、事件になることがあるが、それらは全て「現認」していないからだ。

部下と心がひとつになる喜びを知る

上司の最大の喜びとは、部下と心がひとつになることである。上司が部下のことを思いやり、部下も上司を思いやる。こんな素晴らしいことはない。私のいう結果とは何か。こういう上司と部下の一体感こそ目指す結果である。

私がいた支店である年、全店でトップの成績を上げたことがある。それまでの無駄をやめさせて、自分のために一所懸命働こうと部下を励まし続けたら、いい結果が出た。

それで副支店長以下、若手の女性にまでボーナスがものすごく増えた。

「支店長、こんなにもらいましたっ」

と支店のみんなが大喜びした。

最高点の優秀賞を二回取ったので、一年間丸々ボーナスが他店に比べて大幅に増えた。だが、あと半年ぐらいで転勤になる可能性があると思ったので、

「今度は困っている会社を再建する。これはこの支店が絶対にやらねばならないことだと思っている。しかし、これをやればひょっとすると債権放棄などもしなければならないから収益がすごく悪化するだろう。その結果、成績が悪くなってボーナスも減るが、それでもやら

せてほしい。いいだろうか」

と会議のときに全員に聞いた。するとみんなが「いいでーす」と明るく答えてくれた。

「一年間いっぱいもらいましたからいいですっ」と。

それで一挙にドーンと問題のある会社を再建した。

予想通り、支店の収益は悪化した。なんとかしようと思って努力したが結局埋め合わせはできずに今度は全店でビリになった。ビリになったらボーナスが激減した。みんな納得してくれたが、「わあ、こんなに減るんですねえ」などと呆《あき》れていた。

私のボーナスも一〇〇万円単位で減った。一般職の女子行員でさえ一〇万円単位で減った。あるパーティで銀行の役員から、「今回はひどい成績だったなあ」と小言を言われたのでこう答えた。

「問題会社を再建したりしたときには支店の収益が下がる。それが非常に前向きなことで銀行の将来にとって有益であっても一時的に成績は悪化する。その結果、支店長のボーナスが下がるのはいい。しかし女子行員など一般事務の人たちのボーナスまで下げるような業績評価体系を採用していることが問題じゃないですか。そういう体系だから、任期中に問題会社の解決をして成績が下がると思えば、支店長はどうしても先送りしてしまうのです。こういうことを改めることこそあなたの仕事じゃないのですか」

本部が立案する計画は往々にして現場の実態とはかけ離れたものである。大局を見据えた計画だと言いながら小局しか見ていない場合が多い。そこで最高の上司なら現場を踏まえた営業活動をすべきである。その結果、一時的に成績が下がっても何ら恥じることはない。それは最高の上司が大局を見据えて実行した結果なのだから、必ず将来の成果となって還元されてくるものだ。

部下の先にはお客さまがいる。部下を通じてもたらされるお客さまのいろいろな声が会社を支えている。そのことを上司は忘れてはならない。

それが一番単純な真理だと思う。その単純な真理を忘れて、上司の上にも上司がいるから、誰もが上を見てしまう。上は突き抜けるだけで、何にもない。どこまでいっても虚《むな》しいだけだ。だから、上司としての自分の筋を通しながら、どのようなビジョンで何をやるかを明確にして、結果に向かって努力していくしかないのだ。

第3章「組織の壁」を乗り越える

―「活かす」上司はトップにどう意見しているか―

部下を「活かす上司」「殺す上司」——あなたはどっち？③

- □ 出世のためなら、自分の信念を曲げたり、媚を売ったりすることもやむを得ない
- □ ヒット級の小さな成果よりも、ホームラン級の大きな成果を常に目指している
- □ 想定外のことが起こると動揺してしまう
- □ 大事な営業の日に部下が「少し気分が悪い」と言い出しても無視し、我慢させる
- □ 部下が一生懸命上司に尽くすのは、それが仕事なのだから当たり前だと思う
- □ 下っ端の部下がミスを犯したら、その直属の上司の管理不足を厳しく責める
- □ 常に会社の利益だけを考えて行動しているし、部下にもそうするよう求めている
- □ 忙しい時は、部下の書類の内容を十分吟味せずにとりあえずGOサインを出す

1　トップが頼もしく思う気概とは

「仕事のプライド」が気概をつくる

上司にとって気概とは何か。それは誰にでも誇れる仕事をし、またそうした仕事ができる組織をつくり上げることだろう。

私は、東京地検特捜部の強制捜査によって銀行組織を蹂躙《じゅうりん》され、信用を失墜させられ、その挙句《あげく》に自分の持っていたプライドまでずたずたにされてしまった。あのとき、初めて気づいたのは、このプライドがなくなれば仕事などしている意味がないということだ。このプライドをもう一度、取り戻すことが最も大事なことだと思ったのだ。

気概を持って生きるというが、それは自分自身が、自分の職業に対してプライドを持っていることが前提だ。そうでなければ気概も何もない。

サラリーマンであれば、誰でも出世をしたいと望んでいる。しかし、長い間、サラリーマンをやっていると、正義をとるか、出世をとるか、極めて難しい岐路《きろ》に立たされることがある。

そのとき、どういう出処進退を選ぶか。それはサラリーマン人生にとって重大な局面であるといえる。

最近はいろいろなベンチャー会社があって、二〇代で社長になったり、役員になったりする世の中になってきた。逆にすぐ平に戻されるという降格システムもある。絶対に降格しないのはオーナーだけで、オーナー以外の社員はしょっちゅう降格したり、昇格したりしている。それが活力になっているなら、それも否定はしない。

しかし、一般の会社はまだある程度順番に年功序列で上がっていく。いずれにしても出世するには、何をおいてもまず、きちっと成果を上げるというのが大前提になる。

しかし、何の成果も上げていないのに、トップに気に入られて、いつの間にか出世をする例もある。トップは、かわいい人間を身近に置いておきたいものだ。社長になった途端、自分の秘書に昔の部下を抜擢《ばってき》する人事も多い。仕事ができなかった男がそれをきっかけに偉くなるケースがある。

好き嫌いで人事をすることは決して少なくはない。明らかな不公平はどこの会社にもある。昇格の時期になると、そのことを急に思い出して、どうしてこんな不公平がまかり通っているのだろう、俺はどうなるんだろうと腹が立つことがあるはずだ。

だが、トップに媚を売ったりして、やりたくもないことをやって偉くなったとしても、その結果、あなたに何が残るのか。

むしろ真の意味でトップに信頼してもらう仕事をするのが大事ではないか。

意見を言う機会があれば、きちんと自分の意見が汲み上げられるように考えて意見を言わなければならない。単に意見を投げつけて、玉砕覚悟で文句を言うのではだめだ。自分のプランを実現するために、それなりの構想を持ってやるべきだ。

そのためにトップがどんな考えを持っているかとか、どんなことを優先にしているかをきちんと把握する。

そういう意味において、トップの考えを知っておくことは重要だ。

それは決して媚を売ることではない。組織なのだから当然上司として考えておくべきことだ。こそこそとした根回しをしろというのではない。意見を具申《ぐしん》する際に、トップが最優先で考えていることを自分の案の中に織り込んでおくのだ。

情報収集能力が上司には必要だということだ。たとえば、あなたが酒造メーカーに勤めているとして芋焼酎ブームが到来していて、それを売りに出したいと提案する。だが社長は、ビール事業部出身だ。あまり焼酎には関心がない。あくまでビールが重要だと思っている。

この程度の情報は入手しておかねばならない。

そしてその社長へ提案する際は、ビールのテイストを織り込み、あくまでビール重視を強調しつつ、焼酎も重要であるというプレゼンテーションを行う。これはあなたの意見は面白いと納得してもらうのに必要な技術だ。

ホームランよりヒットを打てる上司になる

あなたはいつもホームランを狙《ねら》ってはいないだろうか。その姿勢は早めにやめたほうがいい。

ホームランを狙うよりも、チャンスに強いとか、よくヒットを打つ人間だとトップに普段から認識させておくことが重要だ。

確実にヒットを打っていれば、あなたの意見は聞くに値するぞ、と思ってもらうことができる。これが組織の中でうまく自分の力を発揮する方法だ。

あなたが、試合に出るとエラーばっかりして成果も上げないのに、ええかっこだけしやがってという評価だと、せっかくの説明もきちんと聞いてもらえない。

たとえばトラブルシューターを武器にできる上司になってもいいではないか。あなたに任せればトラブルが解決するとトップから信頼を得ることができるように努力する。その信頼が得られれば、大きな揉《も》め事や小さい揉め事に関係なくトップから相談が来るようになる。

会社のトップのところには何かと世評の芳しくない人物が会いにくる。面会を断ればいいのだが、有力財界人や政治家の紹介だったりするものだから、上手に断れない。トップも全員が器が大きいわけではないから心の準備ができない。どうすればいいか。会うべきか会わないほうがいいかを含め、判断に迷うときにあなたは呼ばれることになるだろう。

トップの前にちょっとうさん臭そうな人物が、「○○大臣の使いできました」「財務省の○○の使いできました」と言って座っている。悪いが相手の情報を教えてくれないかとこっそり相談される。あなたは、その人物はこういう経歴ですから、このように対処をされたらよろしいんじゃないでしょうか、と自分が持っている情報で分析する。

トップにも悩みがあると知る

その結果、うまくいったりとすると、トップの信頼を勝ち取ることができるだろう。トップも人間だ。悩みもあれば迷いもある。強い面ばかりではない。気弱な面もあるのだ。そう考えて相談に乗ってあげる気持ちを持ちたい。

さらに言えば、何かあったときにあいつが横にいてくれたら、いい結果を生むというくらいまでの安心感をトップに与えることができるか。あなたが自分の武器はトラブルシューターだと自覚しているなら、率先してトップのプライベートな相談にも骨身を惜しまず乗るべきだ。

少なくともトップから見て自分にはどんな武器があるか、それを冷静に判断する客観性が必要だ。もちろん確実にヒットを打つことが前提になる。

広報部のとき、こういう例があった。引っ込み思案の役員ばかりいて、なかなかマスコミに出たがらない。新聞や雑誌に自分の銀行の記事が取り上げられると行員のモチベーションが上がるのに、それでも出ない。あるとき必ずいい記事になるからとある部長をけしかけ、新聞のインタビュー記事に出てもらった。何をお話しになっても結構ですからと部長に話をした。実際にその部長の記事が新聞に大きく出た。いい記事だった。

しかしその直後、部長の上司である役員から「なんだ、行内の情報をリークしやがって！」と、クレームが来たのだ。その部長はひどく叱られた。口には出さなかったが、私にそそのかされてしゃべったら、役員の逆鱗《げきりん》に触れてしまった、どうしてくれるんだという顔をしている。

役員にしてみたら、本音では、こんないい記事になるなら、自分がしゃべりたかったのにと思ったのかもしれない。そこで私は、頭取に部長の努力でいい記事が出たことをちょっと根回しをした。すると翌日、部長から「いや、あの後、役員からすごくほめられた。ありがとう、これからも頑張るからね」と上機嫌で電話がかかってきたのだ。取締役会で、頭取が文句を言った役員に「君のところの部長はなかなか頑張っているね。いい記事が出てたね」とほめたのだ。

この場合、広報という「公」の立場で、銀行の評判をよくするために策を考えた。自分が部長をけしかけたという失敗を糊塗《こと》するという「私」の判断ではない。ネックになっているのは何か。役員の外部に対する臆病《おくびよう》心と出る杭は打つという嫉妬心だ。ではそれらを取り除くにはどうしたらいいか。それが、頭取への根回しだった。おかげで、その役員も頭取にほめられるといういい結果を生むことができた。その役員の臆病心や嫉妬心を取り除いたから上手くいったのだ。あくまでも先に根回しの発想があるのではない。

信頼してもらおうとしてこせこせ動くというよりも、自分の与えられたポストの役割、目標をどうやったら果たせるかを考えるべきだ。それが結果的には信頼につながっていく。

上司になったとき、さらにその上の上司にどう振る舞って信頼を得るか。

このように考えてみたらどうだろうか。部下を活性化しよう、与えられた自分の役割について役員にもっと理解してもらおう。何でもいいが、具体的かつ大きな目標を立てる。その目標を実現し、与えられているポストの役割を最大限発揮するためにはどのようなネックをつぶしていったらいいかということを絶えず考えるのだ。

それが確実なヒットにつながる。ヒットを打っていれば、あいつはなかなか頼もしいということになって、じゃあ、耳を傾けてやろうか、もっと大きな役割を与えようかということになる。

2　仕事で忘れてはいけない情熱とは

大きな問題に立ち向かう

「初心忘るべからず」という言葉がある。どういうポストに就こうとも、初めてその仕事を始めたときの初心、情熱を忘れるなという意味だ。上司になると、この初心を忘れがちになる。そう考えると、いつまでも初心という仕事への情熱を失わない人は何と素晴らしい人だろうか。

会社から評価され上司になった人は、仕事への情熱を持っている。ただ**部下から上司という立場へと変わり、会社全体のことが見えるようになると、何も知らず、がむしゃらに働いていたときに比べ、ただの情熱だけでは仕事ができなくなってくる。**それまで気づかなかった相手の立場とかが見えてくるようになるからだ。

純粋な情熱で突き進めない端的な例が、前任者が偉くなっているときだ。具体的には、前任者のやり方を否定したり、前任者の不首尾なところを表に出さざるをえない状況になったときだ。前任者が担当役員になっていたり、トップになっていたりしたときは考え込んでしまうに違いない。前任者の膿を出しますとは、なかなか言えるものではない。

裏切り者と言われたりするかもしれない。それを慮《おもんぱか》って、たとえば前任者のところへ相談に行くとする。たいていは、「きみに任せるよ」と厳しい顔で言われるのがオチだ。ひたすらがんばってきた情熱が曲がり角にきているなあという感じを受けるだろう。

あなたの前任者で、専務になった人から、「きみに任せるよ」と言われる。そこまで上り詰めた人だから、自分の時代の問題を指摘されても決して慌てたりしない。動揺する様子など見せない。そのとき、これから未来があるあなたは、さてどうするか。

正直に、「責任は専務にあります。不良在庫の処理をずっと先送りしていました」と直言したら「ばかもん!」と叱られるのは目に見えている。そこであなたは問題の先送り、すなわち見て見ぬふりをすることになる。

立場が上がるにつれて、この手のジレンマは多くなる。物事の本質をこのように純粋に見られなくなるのは周りが見えてくるからだともいえるが、結局、これをやると偉くなるだろうかなどと、自分のための計算が働いてくるからだ。

たとえば、会社再建を例にとる。ある会社の業績が悪化しつつある。それはわかっている。

しかし、あの会社は、あなたの会社の有力な役員とつながっている。自分が経営にメスを入れにいくと、社長からその有力な役員のところに文句がいくに違いない。そのようにあなたは勝手に思い込み、負のスパイラルに陥ってしまう。

その結果、あの会社は自分が経営にメスを入れないでも、自分が在籍している二年ぐらいの間につぶれることはないだろう、という負の判断が働く。それで問題を先送りにして手遅れになる。もっと早くに手をつけていたら、もっと楽に再建できたのに、と思う事例がいくらでもある。この負の判断による問題先送りが不良債権問題の本質であり、各企業で多発する不祥事の大きな原因であることは間違いない。

そこであなたが情熱を持ち続けて仕事にあたっていくにはどうしたらいいか。

それは自分で仕事に優先順位をつけることだ。あなたは最も大きな問題を解決するという仕事に優先して取り組むべきなのだ。問題先送りの先に会社の存立とかトップの問題があるにもかかわらず、あなたがそれを見過ごすようなタイプだったら、それっきりだ。できるだけ易しい問題に取り組み、日々是好日と過ごせばいい。あなたでなくても誰かがその大きな問題をいつか解決してくれることを願いつつ……。

では、情熱を持って仕事を処した人は何が違ったか。面倒な問題を解決した人を見ると、前向きに最優先でその問題に取り組んでいる。

その問題の向こうにはお客さまがいて、お客さまの向こうには社会があって、それが会社の存立を維持しているんだ、という明確なイメージを彼は持っているのだ。

実際にはこういう人は少ない。負のイメージを膨らませる人のほうが多い。たとえば、不良債権とか暴力団のフロント企業との取引がそのまま維持されている原因をある役員に聞くと「社員たちが襲われるのが怖かった」と答えることがある。

だが、本当にそうだろうか。社員たちではなく、本人が怖かっただけではないのか。

会社という組織の中には「時間」という、とても微温湯《ぬるまゆ》的な判断基準がある。この「時間」に問題解決を委ね、運良く出世していく上司がいるから、その下に続く者まで「情熱」より「時間」を重視する。しかし上司は「時間」に頼ってはいけない。まず何のために仕事をしているのだ、何のためにこの仕事を選んだのだという「初心」＝「情熱」に火を点《とも》すべきだ。

そのとき重要なのは、絶えず「お客さま」を意識することだ。「お客さまが許さない」「お客さまの信頼を失う」こうした基準で組織内で「時間」に身を委ねている人たちを覚醒《かくせい》させる努力をすべきだ。

「己を行うに恥あり」という言葉が『論語』にある。問題を処理するに当たって、全身全霊で取り組み、決して言い訳をしない、人に恥じない行動をするという意味だ。なんと爽やかな行動基準ではないだろうか。

部下を失望させる言葉を言わない

上司のことを部下はいつも見ている。その行動、言葉の一つひとつに心を動かされているのだ。しかし、たとえ上司の言行に失望しても部下は何も言わない。だから愚かな上司は部下の失望に気づかない。

一方、最高の上司とは自分の言行に責任を持ち、決して部下を失望させるようなことはない。上司は部下の仕事に対する情熱を失わせ、気力をなくさせるようなひと言を言うべきでない。

こんな事件があった。役員の自宅に警備をつけた。部下がその役員の安全を思ってのことだ。民間の警備員が制服を着て常駐した。ところが、近所の目があるからやめてくれと役員に言われてしまった。

「もし何かあったら大変です。そこは我慢すべきじゃないでしょうか」

と部下が説得しても聞かない。

結局、一日数時間だけの巡回警備に変えることになった。その変更直後、巡回警備のため、警備員がいない隙《すき》を狙って、自宅に暴漢が来た。その暴漢に役員夫人が応対してキリキリ舞いになった。

そうしたら役員は、「どうしてこんなことになったのだ！　君たちは何をやっているんだ！」と烈火のごとく部下を叱って、最後にこう言い放ったという。

「俺に命を張れというのか！」

上司として最低のひと言だ。

部下は命を張って役員を守ろうとしている。その部下に対して感謝するどころか、「俺に命を張れというのか！」と怒鳴りまくる。自分が部下の忠告も聞かず無理やりに警備を手薄にさせたことなどすっかり忘れてしまっている。そのとき、下支えをしている部下たちはやる気をなくしてしまった。

「こんな人のために命を張っているのか。役員が命を張っていると思うからこっちも頑張っているのに……」

と誰もが感じたのだ。

逆の場合もある。別の役員は、同じような事態に直面したときに、部下を怒鳴ることはなく、自分の非を部下に謝罪したのだ。自宅に暴漢が来て、「ここに来ちゃだめ、会社に行って！」と気丈にも役員夫人が犯人と闘っている様子が警備のビデオに映っていた。

しかしその役員は部下に対して一切文句を言わなかった。それどころか暴漢に対する警戒が甘かったことを部下に謝罪したのだ。

部下は、その役員の言葉に感激した。その後は警備会社も徹底してその役員を守ったのはいうまでもない。

目先の結果で自分の信念を曲げない

誰でも出世してある立場になったとき、たしかに若くて地位が低かったときと比べて、自分が好ましくない方向に曲がりつつあると感じるだろう。自分が今求められている役割からすると、本当は地位に相応《ふさわ》しい態度を取らねばいけないのにとわかっていながら曲がった方向にいってしまう。またこれではいけないと思いながら仕事をしている。

だから、嫌な疲れが体の中にたまるのだ。そんな疲れをためないような仕事をしたい。

むしろ以前と変わらず、生意気だとか言われることがあっても、それを想定内のこととして、意見していくことが必要ではないだろうか。そういう上司の態度を部下は注視しているのだ。あえて、つけ加えるとすると、あなたが良からぬ方向に曲がってしまえば、あなたが役員やトップになったときに、自分の曲げた結果が自分に返ってくることを覚悟せねばならない。

「人を呪《のろ》わば穴二つ」という言葉がある。他人を呪い殺そうとすれば、自分もその報いで殺されるので、墓穴が二つ必要になるという意味だ。この諺通り自分が責任を取らねばならないときに本当はあの人が悪いのだと言ってみても始まらない。上司なら潔く責任を認め、後世に改革を託すくらいの覚悟と度量が必要だ。

サラリーマン世界で事件が起きたときに、本当の責任は退任してしまった以前のトップにあるということがある。銀行が破綻したときなど、逮捕されたトップは悪くなくて、本当に悪いのは彼の前任の○○頭取なのだとか言われる。

なぜそうなるか。問題が目の前に現れたとき、自分をちょっと曲げる。その判断のときは、自分が社内で順調に出世していくかもしれないと思ったとか、自分を曲げるきっかけが必ずある。

本当はおかしいと誰もが思っている。だが、おかしい、問題があるからといってお互いが話し合っているわけではない。前任者も、トップに出世したその前任者も、おかしいと思ったはずだ。ところが、誰もその問題を指摘せずに方向を曲げて、避けて通った。その結果、今や社長になっている、副社長になっている、専務になっている。こんなことが会社では往々にして起きることがある。

自分はどうしようか、と思ったときに結局、自分を曲げて前任者と同じ曲がったルートを通るわけだ。曲がったルートを通ったほうがいい。見て見ないふり、結局、見えなかったんだと思えばいいと思う。それは前任者の立場を忖度《そんたく》したからだ。そうすれば、君が専務だよとか、君が副社長だよ、となるかもしれない。

ところがあなたが曲げたルートを通った結果、退任したトップには責任が及ばなくなった頃、すなわちあなたが偉くなり、全責任を負っているときに問題の先送りが弾けて、結局あなたに責任が及ぶことになるのだ。

それは前任者ではなくて、自分を曲げて彼らの代わりに偉くなったあなた自身の責任だ。自分、すなわち信念を曲げたら会社のためにならないのであれば、あえて曲げないのも気概ではないか。曲げないルートを通った結果は、自分で引き受ければいいだけのことだ。

会社では忖度のしすぎ、相手の立場を慮りすぎることがある。慮りすぎてストレスがたまってしまう。慮ってうまくいかなかったときなおさら腹が立つ。慮ったのに相手が評価してくれなければ恨みさえ抱くようになる。

そういう歪《ひずみ》が後から内部告発などになって表れる。新聞記者から、銀行員の内部告発がいかに多いかを聞かされたことがある。それだけ不満を持ってやめた人間が多いのだろう。ということは、それだけ上司を慮って、自分を曲げたにもかかわらずうまくいかなかった人が多い証《あかし》だろう。内部告発とはいってもたいていは本人の思い込みだったり、作り話だったりするのだが。

つまり社内でおかしいことをおかしいと言わず、自分の正当な意見を曲げ始めたら、情熱は一気に失われていくことになる。また曲げてしまった人間は、部下が情熱を持って発言などをすると、「若いからってあまり跳びはねるなよ」という本末転倒な注意をしたりする。跳びはねようとした若い部下も、跳びはねないほうがいいのかなと萎縮していく。こうして組織は徐々に活力を失いだめになっていくのだ。

明るい情熱だけを外に発する

「たとひ主人たりとも非を理に曲ぐる事あらば少しも用捨致さず」という言葉がある。これは江戸時代に町人の心の支えとなった石門心学の祖、石田梅岩の言葉だ。江戸時代という封建の世にあっても主人（トップ）の間違いを正すことが部下の道とされていたのだ。

現代の民主主義の世にあってはトップに諫言《かんげん》できないことこそおかしいのではないか。これは心、すなわち人生の問題だ。

おかしいことはおかしいときちんと発言して左遷された上司がいる。

ある部長が、問題案件について、「これはおかしいんじゃないか」と発言した。するといろいろなことを曲げてきた結果として役員になった人の耳に入った。その役員の「彼はあのポストにふさわしくないね」というひと言で彼は飛ばされてしまった。

その上司は、もし役員批判をしなかったら、会社の中では最低でも常務まではなれた実力のある人だった。口にチャックをして、見えるものも見ず、で数年過ごせれば出世した。しかし、彼はポストへの甘い誘惑を擲《なげう》って不正を糾弾したのだ。

無理して役員の非など正さず、黙っていたら出世できる。常務、専務、副社長といったらサラリーマン人生万々歳だ。関係会社の社長、あるいはどこかの一般会社にいっても社長かになれる人生が待っている。

しかし彼はそれを潔しとしなかった。

彼は出世と引き換えに、会社の病巣を取り除こうとした。彼は、ひょうきんでユーモアを解する人で、それほど深刻に考えた上での行動ではなかったかもしれないが、結果的には、その発言のために関係会社に出されてしまった。

でも後悔はない、すがすがしさが彼の表情からは窺えた。

最高の上司の情熱は「内」に向かってはならない。「外」に向かうものだ。「内」に向かえば組織の維持や自己保身などの「暗い情熱」になる。そんな「暗い情熱」の果てに明るい未来など待ってはいない。後悔があるだけだ。

「外」に向かえば、お客さまからの信頼を得ることができる。これこそ「明るい情熱」だ。お客さまからの信頼のみが本当の意味で組織を維持、発展させることになる。最高の上司は「明るい情熱」を「外」に発せよと強調したい。

3　上司の潔い責任の取り方とは

逮捕前日まで仕事をまっとうした上司がいた

「きっぱり責任を取ります」という言い方をよくする。

しかし、上司が責任を取るというとき、その責任とはいったい何なのか。

上司の責任の取り方は「仁」である。「仁」というのは「仁義」や「仁侠《にんきょう》」のあの「仁」であり儒教の祖、孔子の思想の核をなす思想だ。「仁」とは他者への慈しみや思いやりのことである。

もしあなたが上司として組織上の問題で責任を取らねばならないことがあっても「仁」の心で対応すれば、組織や仲間やトップを怨《うら》みに思うことはないだろう。その潔さは、後世の範となるに違いない。

責任の取り方で最も感銘深い上司がいた。これほどの覚悟と責任を持って仕事に対処した人を私は知らない。総会屋に対する利益供与事件で続々と役員や経営幹部が東京地検に逮捕されているときのことだ。

ある幹部と夜、一緒に仕事をしていた。私は彼が連日徹夜をしているのを知っていた。

私は「今日は、お帰りになったらいかがですか」と言った。

彼は首を振り「仕事を片づけておかねばならないからね」と微笑《ほほえ》んだ。

私は「明日もありますよ」と言った。

すると彼は笑みを浮かべて、「私も捕まるかもしれないからね」と言った。

「そんなこと絶対にないですよ、何もしていないじゃないですか」

私は驚いて言った。

「いやまあ、そういう予定になっているらしい」

彼は静かに答えた。

「私にはあまり残された時間がないですから最後まで仕事をやり終えて帰ります」

彼は私にきっぱりと言った。

もうすぐ逮捕される。

仕事から一〇〇%離れることは間違いない。

だからこそ、そのギリギリの時間まで自分の職務、やり残したことをきちっとやる。

サラリーマンとしてきれいな生き方だと私は感動した。

彼は私との会話の後、数日して逮捕された。

いつでも感謝の気持ちが言えるようにする

「外には七人の敵がいる」とよく言われる。実際その通りで何が起きるかわからないのがサラリーマン人生だ。逆境ばかりも続かないし、順調だと思っていたら突然落とし穴に落ちる。とにかくいつも「常在戦場」の気概を持って、何が起きても「想定内」だと言えるくらいでないと最高の上司とは言えないだろう。

「咄嗟のときに感謝の気持ちが出ない」

というのは言い訳だ。それは、ふだんからシミュレーションをしていないからだ。会社や人生というものは、シミュレーションの連続だ。

責任を取るということも、シミュレーションをしておくことでもある。言い換えるとシミュレーションをしておかないと、責任を取ることさえできない。

談合などで捕まる人たちがいる。あの人たちも仕事をしながら「悪いことをしてるな」とか、「法令違反をしているな」と内心では思っている。しかしそう思いつつも仕事だからと思い直し、一所懸命に職務を果たそうとしているわけだ。

サラリーマンというのは、本来そういうところがある。もし、部下が仕事のために、たとえば談合のような不正を行っていたと仮定しよう。それが発覚したとき、上司は「知っていた」と言えば法律違反に問われるかもしれない。

しかし、そのときの発言というのはよく考えておきたい。慌てふためき、責任回避に終始する発言ばかりではあなたの品格が問われることになる。それほど大きな事件にはならなくても、部下が上司のために一所懸命やった、その気持ちを汲んであげたい。

「これだけあなたのために尽くしているんだ」

という部下の気持ちを、どこかで汲んであげる余裕は必要だろう。

日常的にもそういうことは多い。

たとえば、「今度いらっしゃった営業所長さんは本部でも評判がいいし、ひょっとしたら役員になる人だ。みんなで頑張って営業成績を上げようじゃないか」と、一所懸命上司のために頑張って営業成績を上げたとする。

それなのに、当の上司からは感謝のひと言もない。

「私の力で営業所の成績が上がった」と上司が吹聴している話がどこからともなく風のたよりに部下の耳に入ったら部下はどう思うだろうか？

「なんであんな人のためにあんなに頑張ったのだろう」と部下の誰もが思う。

「自分が今日あるのは自分だけの力ではない」

ということがわかった上での立ち居振る舞いをしたい。どんな立場の上司であろうといつでもこのことを考えておく必要がある。

あなたがある事態に直面し、ある行動を取ったとする。その行動は、周りからどのように見られて、また、どういう反応が返ってくるか。

極端な例だが、何かあったときに「板垣死すとも自由は死せず」とか、そういうキメゼリフをいくつかあらかじめ考えておかないといけない。

有名なスポーツ選手とか芸能人が交通事故を起こしたときの対応にもよく表れる。当て逃げをするなどとんでもない行動で人気が失墜する事態になることがある。あらかじめどう行動を取るべきかまったく想定していないからだ。車を運転していたら不測の事態を考えておくべきだ。そういう準備を怠っているから、いざというとき、慌てて逃げてしまうことになる。

部下が幸せになれば上司も幸せになる

上司というものは部下がいてこその存在だ。それを片時も忘れてはならない。部下が意欲的に働いてくれさえすれば上司の評価は上がるのだ。愚かな上司は部下に目もくれず自分の保身や自分の上司のことばかり考えている。最高の上司は一〇〇％部下の幸せを考えているものだ。

あなたに部下が一〇人いたとする。一〇人が違う個性で動いている。毎日が無事に、何事もなく流れていくとはとうてい思えない。毎日、誰かがどこかで失敗したり、事故を起こしたりしているはずだ。そういうことを上司として日々、きっちりとシミュレーションしておくべきだ。

むしろ一日が無事に終わったら感謝してもいいくらいだ。そして翌朝起きるとまたトラブル含みの一日が始まる。咄嗟《とっさ》のことにストレスをためるのではなくて、シミュレーションしておくほうがずっと賢い。

たとえばある日、部下に「交通事故を起こしました」と言われたらどうするか。

また、部下の奥さんが病気で倒れたという連絡があって「心配だから家に帰りたい」と言われたらどうするか。

また、どうも気分が優れない。もしかしたら、心筋梗塞《こうそく》じゃないかとか、脳梗塞じゃないかなどという疑いを持ちながら、部下が「頭が痛いんです」と言ってきたらどうするか。

普通は「とにかく病院に行け」と、すぐに電話をして、車を手配させて病院に行かせるだろう。だが、営業の最前線で動いているとか、本部から役員がトップセールスに来るとか、重要な局面だったりすると「頭が痛いんです」と、部下が言いにくい状況のときもある。我慢強くて、本当はものすごく痛いのに「ちょっと頭が痛いんですけど」とか「ちょっと気分が悪いんですけど」と遠慮しながら言う場合だってある。

そんなとき上司が、ついぽろっと、

「何言ってるんだ、今日はどんな日かわかってるのか！」

などと言ってしまったらどうなるだろうか。

ありがちな場面だが、たいていの場合、部下は「わかりました」と我慢する。

その結果、事なきを得るかもしれないが、ところがもし、運悪く、本当に心筋梗塞になってしまったら、あのときすぐに病院に行っていれば助かったのに、などと悔やんでも悔やみきれないことになってしまうだろう。

咄嗟のときのひと言で上司としての積み重ねてきた信頼も一挙に崩れてしまうに違いない。

そしてこの信頼の崩壊は、その部下一人にとどまらない。一人の部下に対するたった一度の冷たいあなたの態度が部下全員のやる気を失わせるのだ。

不測の事態にどう対応するかは、いつでもある程度考えておかないといけない。そして何か起きたときに、自分がどういう態度を取るかシミュレーションしておく。これは上司の義務だし、責任だ。家族の誰かが入院したとかいう緊急のときは無条件に全面的に支援しなくてはならない。病院に駆けつけたい家族の気持ちにダメ出しをしてはいけない。

「家族あっての仕事」だというスタンスを貫《つらぬ》いたほうがいい。

私の知っている不幸な事例を紹介しよう。部下が妻の入院を報告し、すぐに帰宅したいと上司に頼んだ。その上司は、仕事を片づけてから行けと言った。上司は当然のことを言ったつもりかもしれないが、その後、多くの部下からボイコットを受け、左遷されてしまった。

中には「妻の誕生日なので明日は休みたいんですけど」などと言う人もいる。そういう部下のことも無視してはいけない。結婚記念日、誕生日などを部下から事前申告させ、それは間違いなく休ませてやるとあらかじめ告げておく。誕生日は誰にも公平に訪れる。結婚していれば結婚記念日、結婚していない人は別の記念日で、もし日曜に重なっていれば月曜とか金曜にしていいとかいうルールをつくるのだ。

「部下の子どもの入学式」なども把握しておくほうがいい。入学式に出席するのも幼稚園、せいぜい小学校どまりだ。「入学式に行かなくていいの」と聞いてあげ、行ってもいいという雰囲気をつくっておく。そうしておけば「怠け者だと思われないかな」などと、部下が変な心配をしなくなる。

いつもと違う社内の光景に気づく

「気づく」力は大切だ。上司としての必要な能力に「気づき」という感覚がある。第六感のようなものだ。

部下を観察していると、いつもと違う景色が見えることがある。これが「気づき」だ。

このとき、この感覚を放置せず、なぜ違和感があったのかを徹底的に追究しなければならない。ここで追究するかしないかが、最高の上司と愚かな上司の決定的な差になるのだ。

昼休みの食事や取引先に行くときなど、部下をよく観察しておく。会社の中を見渡すと机の上に重要書類や印鑑などを放置しているとか、現金を無造作に置いている部下がいる。こういうことが度重なったりすると、その部下は仕事の上でも、お金をぞんざいに扱っていたり、その結果、計算をごまかしていたりする。こういう日常的な観察を通じて部下の行動や心境の変化に気づくということは極めて重要だ。

一方、部下が問題を起こしたときに、自分が気づかなかったことを棚に上げてはだめだ。たとえば、担当者が問題を起こしたときに、「お前の管理が悪いからだ！」と、その直属の上司を怒鳴る上司がいる。そんなこと言ってみても仕方がない。問題が起きたときに、部下を責めるのは後でいい。まず問題解決のために今何をしたらいいか、すぐに動けるようにしておかないといけない。

普段から「気づき」の感覚を磨いていれば上司としての最適の行動ができるものだ。

雪印乳業の社長が、食中毒問題で記者に詰めよられたとき、「私は寝てないんだ」と言って不評を買った。雪印という会社が当時大変な優良企業であるという過信もあったので、そのような発言になったのだろう。

私が聞いたところでは、社長自らが現場をあまり知らなかったようだ。現場を知らないから、いわば社長は〝天皇〟になっていた。だから、食中毒問題が起きて自分のまわりに記者たちが押し寄せてきても雪印という会社に彼らが攻撃的な気持ちを持っていることさえ気づかないのだ。あの雪印の不祥事で一番問題だったのは、結局、社長が現場を歩かず、現場から正確な情報が上がってこなかったことだ。

記者会見のときに「パイプを掃除していなかったので十円玉大の垢《あか》みたいなのがパイプの中にたまっていた」という事実が出てきた。社長は「そんなはずはないよ」あるいは「そんなことは聞いていない」と言ったのに、社長の発言に対して工場の現場長が「実はありました」と発言した。そのとき社長は慌てて、「ええっ、本当?」なんて反応してしまった。そういう社長の予測していない事態の進展に対して「私は寝てないんだ」という発言になっていったわけだ。

社長は、現場のコストカットだけを優先したのかもしれない。現場の人たちはコストカットの目標を達成しようという目的で、毎日やらなくてはいけないパイプの掃除を一週間に一回しかやらなくなった。しかし報告では毎日やっていることになっている。ところが実際は週一回だから、当然コストは下がってくる。その数字の変化だけを見て「よくやっている」というふうに判断していたようだ。

どうしてこんなにコストが下がったのか。現場を見に行けば、毎日掃除していないということがすぐにわかる。しかし現実には、コストの数字がカットされていくことだけが楽しみになっていたような状況に陥っていたのではないだろうか。

不幸なことに、社長は、部下の無言の声に「気づか」なかったのだ。だから、彼は、大事なこの問題に対し、上手に責任を取ることができなかった。それが、会社そのものを崩壊させてしまった。

耳の痛い報告も最後まで聞く

企業の不祥事の記者会見でトップは深々と頭を下げながら、「報告が上がっていなかった」

「こんなことが行われていたことを聞いていない」と必ず発言する。「聞いていない」と発言することで、責任を免れるとでも考えているのだろうか。

「聞いていない」のではなく「聞こうとしなかった」のだ。その責任は果てしなく重い。

「オレは聞いていない」

そう上司が憤慨することが多い。

しかしそれは部下のミスではない。上司の無責任さの表れにすぎない。こういう事例はいくらでもある。銀行における金融庁検査のごまかしとかが代表的な例だ。

問題が起きていれば、部下は上司へ報告をしたくて仕方がない。上司への報告をすませれば、サラリーマンは責任が転嫁できたような気持ちになり安心だ。ところが、上司は聞いてくれない。聞こうという意識もない。

ある銀行幹部が金融庁の検査をごまかした。自分では悪いことをしたという意識はあった。だからあまり晴れ晴れとした気持ちではなかった。金融庁の検査が終わった後、トップに「うまくやりましたから」と報告した。するとトップは、その報告を聞いたときに「そうか、そうか」とだけ言った。

部下がわざわざ、「うまくやりました」と報告に来ているのだから、トップは「何を、どううまくやったんだ」ときちんと聞かねばならない。きちんと聞けば、部下のごまかしに対して「それはだめじゃないか」と言える。そして、そのごまかしに対してのケジメをつける対応ができる。「そうか、そうか」で終わらせて、それ以上のことは「聞きたくない、見たくない」と耳も目もふさいでしまう。それではトップになる資格はない。

こういう態度が不祥事が発覚したときの「聞いていない」「知らなかった」というトップの無責任発言に通じるのだ。

書類が提出される。部下が本当に言いたいことはどこに書いてあるのか、上司なら必死になって探すべきだ。部下の本音は書類の隅にやっと書いてあるくらいだと思えばいい。不祥事が起きると、部下は「全部報告していました」と言うが、上司は「まったく聞いていない」と言う。

ある会社で大きな不祥事が発生した。検察の捜査が入り、部下が検事に尋問された。検察は上司の責任を追及するために、不祥事の原因等を上司に報告していたかと訊いた。部下は、一枚の報告書を見せ、この報告書で上司にすべて報告したと検事に言った。しかし上司にはまったく報告を受けた記憶がない。自信を持って報告はなかったと言いきれると思った。しかし、検事に指摘されつぶさにその報告書を点検した。すると、なんと不祥事の重要な原因などがきちんと書いてあるではないか。果たしてどこに書いてあったか。

部下の言いたいことは報告書の最後のところにほんの少しだけ書いてあったのだ。

上司は忙しい中で部下から多くの報告を受けていると、どうしても重要なことの説明を受けないまま「はい、わかった」と印鑑を捺《お》す。しかし、最後のところに不祥事の原因をにおわすような文句とか、あるいは問題の所在を示すような文句が、たしかに書かれてあったりするのだ。検事から指摘を受けた上司は「あっ」と思ったそうだ。

上司が部下の報告で本当に知りたいのは、ほんの少しのエッセンスだ。ところが部下は本音を隠そうとする。特に問題があるときは正直に報告するという勇気のある部下のほうが少ない。

ではどうするのか。報告を受けるときは、部下にあまり時間を与えないほうがいい。口頭で、生の情報をパッパッと素早く報告させ、適切にその場で受け止め、指示するようにしたほうがいい。

むしろ大量の書類を作らせたりすることは時間の無駄であるばかりか、部下の本音が隠されてしまう危険性がある。その上司は、検事から、問題の部分を指摘され「聞いていましたね」と言われたとき、もう言い逃れはできないと思い、責任を取る覚悟を決めた。

同時に、部下が大変な辛い思いで報告してきたときに問題点をわかってやれなかった自分を恥ずかしいと思った。つまり、「気づく」というのは、部下との信頼関係の証でもあるのだ。

4　誰もが納得する上司の美学とは

他人を気にせず目標に進む

上司にとっての美学は「筋を通すこと」だ。自分の信念を貫き通すことが美学だ。その剛直さを他人が批判しても、それは気にしない。いつかは理解されるだろうというくらいの覚悟が必要だ。

城山三郎が『男子の本懐』で描いた浜口雄幸《はまぐちおさち》は、経済立て直しのために断固として「金解禁」を実行した。政策の正否は後の歴史家に委ねるという覚悟だった。だから暴漢に襲われたときも、咄嗟に「男子の本懐」という言葉を発したのだ。

これこそ最高の上司の美学だ。愚かな上司はそのとき、その場の状況に右顧左眄《うこさべん》して、筋を曲げて汚名を残すことになる。

孔子は、「四〇歳ぐらいになって世間に自分の名前が伝わっていないときには、社会人としての自分の人生は大したことはないと思ったほうがいい」という意味のことを言っている。これはある意味で社会人としての一種の美学だ。

美学というのは、個人によって大きく変わるのかもしれない。私の入行二年目の頃のことだ。取引先の社長の息子さんが事故で亡くなった。お葬式に参列して思い出話を聞いていたら、問わず語りに仕事の話になった。

その会社の工場そのものを台湾に輸出して、移築する計画があった。その工場を事故で亡くされた息子さんに任す予定だった。その話を聞いた私は「これはいい話だ」と、その輸出を任せてもらおうと考えた。そこで当時の副支店長に報告をした。しかし、「あんな小さな会社がそんな大きな仕事をできるはずがないじゃないか」と全然取り合ってくれない。

彼は、提案したプランが上手くいっているときはいいが、上手くいかなくなると「私は反対したよ」と必ず言う。「副支店長、あなたは賛成して印鑑を捺したじゃないですか」と言うと、「印鑑を見てごらん」と言う。見たら、なんと逆向きに押してある。「これが私の反対の意思表示だ」。そんなことを平気で言うような上司だった。

休日を使うなど、何度もその社長のところへ行って話を詰めた。そして反対していた副支店長を何とか説得して実行した。当時で三、四億円ぐらいの輸出為替の獲得に成功したのだ。

私はそのとき外為係だったから外為の成績はそれで達成した。

輸出為替の代金を外貨預金にしておいた。当時、銀行の目標には定期預金なども含まれていて、外貨預金の一部を定期預金にすることで外為係の目標は達成できた。三、四億円を全部定期預金にすれば支店全体の目標が達成できるにもかかわらず、私はほんの一部しか定期預金にしなかった。

なぜそうしたか。副支店長をはじめ、営業の多くの先輩たちも外為係を普段から軽んじていたからだ。外為係は小規模な取引先ばかり担当し、支店の成績にあまり大きく影響していなかったことが軽んじられた理由だ。外為係の定期預金の目標が三〇〇〇万円だったとする。その場合、私は社長に電話をして、その外貨預金から三〇〇〇万円だけを定期預金に振り替えてもらい、それで外為係の目標は達成されたことになる。

輸出為替の代金は外貨預金の中にまだ数億円入っている。それには一切触らないで、他の営業係が頭を下げて来るのを待っていた。そのうち、営業係の課長や、普段外為係に偉そうに言っていた人間とかが「支店の目標が達成できないので定期預金してくれないか」と頭を下げに来るようになった。営業会議で、店の主要な目標に影響力がない外為係をバカにしていた人間たちばかりだ。

それでもとぼけていたら、そのうち、その嫌な副支店長までが私に頭を下げるようになった。

「そこまで（副支店長が私に頭を下げる）されるんだったら、そこでちょっと待っていてください」とその場で社長に電話した。

「悪いけど、今、定期預金が目標に一億足りないので、ちょっと定期預金を作っていただけないでしょうか？」

「ああ、いいよ、いいよ。君には世話になっているから、任せるよ」と社長は言ってくれた。

その結果、支店の定期預金の目標は達成できたのだが、嫌な副支店長が最終的には「ありがとう」と感謝してくれた。今から考えれば私は生意気だったかも知れない。

しかし、私は私なりに筋を通したのだ。それがそのときの私なりの仕事への美学だった。美学はあくまでも個人の美意識だ。相手は美しいと思っているかどうかは、よくわからない。

たとえば、「自分としてはすっきり筋を通して、思い残すことはない」という状態でも、相手の人から見ると生意気だったりして、美学でも何でもないかもしれない。

坂本龍馬ではないが、目的を達成するためには他人の目など気にしないで泥まみれになって、這いつくばってでも実行する。そういう気概があっていいはずだ。

ルール違反をするなら土下座がいい

「泥水を飲む覚悟」も仕事の美学のひとつだ。

広報のときにある雑誌社とつきあいがあった。そこが自社発行の雑誌に銀行のスキャンダルを書くことになった。M資金詐欺事件に銀行が巻き込まれているというような話だ。そのとき、その出版社の社長の前で土下座をして、記事を書くのをやめてもらった。事実無根だからというよりも、書かれることが、銀行の評判を悪くすると思ったからだ。なかなか社長が記事を書かないと言ってくれない。私はその場で土下座をした。

それで記事が抑えられるのであれば自分のプライドなど捨てても構わないと思った。この社長は、土下座をして、「なんとかしてくれ」と真剣に頼めば理解してくれるタイプかもしれないと判断したのだ。社長は私の土下座に驚き「わかった。記事は書かない」と約束してくれた。それをきっかけに、その社長とは仲良くなった。

広報部長がその場にいたわけではない。また、トップに「土下座して事なきを得ました」などと報告もしていない。誰も評価してくれなくても構わない。それでも土下座で目的を達成したら「よし」だと思う。「靴を磨け」と言われたら靴を磨くつもりで仕事をしてもいい。

変なプライドや、見栄のようなものは邪魔になるだけだ。

ただ世の中、変なやつもたくさんいる。大物フィクサーめいた人物がパーティでグラスにウイスキーをどくどくと注ぎ、自分の上司に向かって「一気飲みしろ」と迫っている。上司が酒の飲めない人間だったらどうするか。あなたはそのグラスを取り上げて「私が代わりに飲ませていただきます」と言うべきだ。あなたもたいして酒が強くないかもしれない。

しかし相手は大物だ。あなたはウイスキーがなみなみと注がれたグラスをぐっと睨《にら》みつけ、「いただきます」と一気に飲み干し、「ごちそうさまでした」と何事もなかったかのように空のグラスを置く。

要するに、自分が今何をやらなければいけないか。瞬時に判断しなくてはならないということだ。目的達成のためには、土下座が手段として一番いいんだと覚悟ができたのなら、それをやるしかない。金を渡すとか、社会ルールに反することをやるくらいなら、土下座のほうがいいに決まっている。

目の前の仕事をこなす姿が美しい

「一生懸命」か「一所懸命」かどちらを使うか迷うことがある。サラリーマンはやはり「一所懸命」ではないだろうか。

サラリーマンはそのときそのときのポストの役割を果たすのに命懸けで献身するべきだ。目の前の仕事を必死でこなしているときこそ美しい。それが他人にはどうであれ、仕事の美学だ。そういうものだろう。

総会屋事件が起きる前は違法な株主総会をやっていた。議決権行使書がないと議場に入れないのに、総務担当がそれを集めてきて行員に渡し、株主のふりをさせていたのだ。こうして行員株主をいっぱい集める。総会屋事件の直後、そんな違法なことは一切止めなければいけないということになったとき、株主総会の運営を任された。

行員やOBたちが自分たちも出席したいと言ってきた。しかし、議決権行使書を持っていない人、株主ではない人は帰ってくださいとお願いし、法令徹底した。私の発言に怒った人もいた。せっかくの好意を踏みにじるなと言うわけだ。しかし必死で物事を成し遂げるには欲得抜き、打算抜きに発言したり、行動をしたりすべきだ。私は、適法な総会運営を成し遂げることに全力を傾けた。

後から考えると、あの瞬間はある意味、純粋で美しかったと言えるのではないだろうか。話が逸れるが、坂本龍馬がどうやって死んだか。汚れた川に顔を突っ込んで死んだかもしれない。一応前向きに死んだなどというが、どっちを向いていて前向きだという伝説が残ったのか、よくわからない。江戸、皇居の方を向いていたのか、それもわからない。しかしその死に方にはなんとしてでも目的を達成するのだという心意気を強く感じる。

それが美学ではないか。そのときはかっこうが悪くても、泥水を飲んでも、自分ではなんとかその場を切り抜けるんだ、この場のみんなを救うんだ、部下をなんとか無事なところへ連れていくんだと覚悟を決める。

その覚悟があれば、どんなことでもできるはずだ。

そのとき、無になった気持ちの結果、表れてくる行動だ。

自分の欲得ばかりを考えて行動すれば、絶対に成功することはない。

「お客さまのことばかり考えないで、たまには会社のことも考えてくれよ」と言われるくらいがちょうどいいのかもしれない。

たいていの場合、会社の利益を考えて行動しろと言われる。しかし、そのように行動すると意外に失敗する。ところがお客さまの利益を考えて行動すれば成功し、結果的に会社の利益になるのだ。

最近は最初から会社の利益を優先したセールスが多すぎる。その結果、会社の評判を落としたりすることになる。一〇〇%、お客さまや消費者のためになるように、と考えていると、それはお客さまとの信頼を強めることになり、会社にとってもプラスになる。

私利私欲や会社の利益優先ではなく、「無欲」すなわちお客さまの利益優先で行動する。そうすれば期待以上の満足する結果が得られるだろう。

サラリーマンの究極の美学を貫く

晩節を汚す経営者が多い。自分が表舞台から退場するタイミングを間違えないのも最高の上司の条件だ。愚かな上司は、晩節を汚し、それまでのすべての成果をだいなしにしてしまう。

後に余計なものを残さずに去っていく。経営者として立派なのは、後の人事について口出ししない、後は後輩たちに任せたというスタンスだ。それが美学だ。

トップまで上り詰めた人のことを、出世したのだから、もう十分に満足していると思っている人は多いだろう。だが、いくら出世しても、満足しないで、後輩に影響力を残そうといろいろと口出しする人もいるのだ。こういう態度は美しくない。いかに進退を爽やかにするかは組織人として非常に大切なことだ。

ある役員は非常に進退が爽やかだった。社長候補だった。阪神地区担当役員をしていた時代に、阪神・淡路大震災が起きた。現場で指揮をしなくてはいけないと、神戸の宿舎から被災地を歩いて大阪支店まで行った。そんなタイプの上司だった。順調に出世もしていた。

彼が営業部長をしていた頃のことだ。取引先に、ある大物が経営する会社があった。その大物に評価をしてもらうと出世の階段を上ることが約束されていた。他の役員がその大物にゴマをすりに行く中で、彼だけは行かなかった。普通のお客さまの一人として対応したのだ。当然相手の機嫌が悪くなる。同期の人間が役員になるのを尻目に、彼の役員昇進は一年遅れた。

だが実力のあった彼は、遅れながらも出世し、専務にまでなった。ところが会社が不祥事に巻き込まれ、トップが退陣する事態となった。「誰が混乱を収め、社長になるか」ということになった。そのとき彼が社長候補に浮上したのだ。

東京地検の強制捜査がその会社に入った。最早、一刻の猶予も許されない。彼に「社長就任」の白羽の矢が立った。

社長就任を決定する取締役会が急遽《きゅうきょ》開かれた。

取締役会の会議室に入る直前に総務担当から彼は、こうささやかれた。

「地検が専務のことを調べているようです。ひょっとしたら、逮捕の可能性があります」

「私は何もした覚えはないが……」と彼は首を傾げる。

「営業の責任者であった専務を逮捕しないと地検も収まりがつかない様子です。ましてや社長候補になられましたので、なおさら、ターゲットになったのです」

総務担当は真剣な顔で言った。

すごい状況だ。なぜなら取締役会会議室のドアを開けたら社長。しかしそのままその場から立ち去れば専務のままだ。そしてもし社長就任を受諾しなければ、逮捕されないかもしれないと総務担当は言う。

いろいろなことを考えたはずだ。取締役会会議室に入って「社長を頼む」と言われて「はい」と返事した瞬間に逮捕されるかもしれない。しかし自分の他に適任と思える候補者があるわけではない。男として逃げるわけにいかない。

彼はドアを開けて入り、社長就任の受諾をした。

そして記者会見に臨んだ。正直な人だから、記者会見で「自分は営業担当役員であり今回の不祥事の責任が大きいと思っている」と発言してしまった。

案の定、大騒ぎになった。記者たちは口々に、「彼はとても社長に就任できる人物ではない」と批判し始めた。

後日、彼は本当に東京地検に逮捕された。しかし間違ったことはしていないという自負心から堂々と出頭していった。数か月後釈放されてきたとき、すべての社会的地位を失いながら、「私は社長の資格はなかったかもしれないが、あのときはさすがに逃げるわけにはいかなかった」と淡々と笑みを浮かべて話した。

逮捕されるときも堂々としていたし、その後も社会貢献をすると言い、誰にも恨みを残さなかった。

いつも自分の姿勢を貫き通し、出世に遅れても焦ることなく、そしてある意味では前任者等の罪を被り、制裁的に逮捕され、すべての社会的地位を失った。それなのに言い訳や恨み言は一切言わず、爽やかな笑顔で人と接することができる彼に私は上司の最高の姿を見る思いがした。

自分を盾に部下をかばう最高の上司

引き際に、その人のサラリーマン人生の縮図が見えるかもしれない。

ほれぼれするような引き際を見せた上司がいた。彼は審査担当役員で、総会屋事件に関係した融資書類等に印鑑を捺し、承認を与えたことで東京地検に逮捕された。私は逮捕されるという前日にホテルで一緒に食事をした。彼は何の恨みもつらみも言わなかった。

「ちゃんと責任だけは果たしてくる」

と笑顔を浮かべた。

私はその笑顔に感動して、涙がとめどなく流れてしかたがなかった。その人はすでに、社会復帰を果たしているが、浪人をされているときによく自宅に遊びに行った。彼はずっと絵を描いていて「これからはボランティアをやるんだ」と明るく言っていた。

彼は会社での立場があったため責任を取って逮捕された。とにかく部下に責任が及ばないようにということを一番に考えていた。

逆に、引責辞任したために、まわりが辟易《へきえき》するような恨みつらみばかりを、言っている人がいる。また責任がある立場だったのに、ポストを外されたのは、部下にハメられたためだなどと言っている人もいる。

自分は部下によって罪に陥れられたなどといつまでも恨み言を言っても自分の人生を暗くするだけだ。他人もその人の恨み言を嫌々ながら聞いている。「もう済んだことだから諦めましょう」と言っても彼にはなんの慰めにもならない。

彼の気持ちは十分に理解できる。悔しいのはわかる。しかし、引き際の素晴らしい人が、一方にいることを知るとどうしても比較してしまう。最高の上司なら、できれば、鮮やかな引き際、恨みつらみを言わない人生を選びたいものだ。

印象的なシーンを覚えている。逮捕されるとき手錠をかけられ車に乗せられる。当時、銀行で逮捕された幹部たちは、誰もが連行される車の中で堂々と顔を正面に向けていた。反省はしている。しかし決して私利私欲のために事件にかかわったのではないという、強烈な自負心がそうさせたのだろう。

「第一勧銀の人は誰も私腹をこやしてないというのはすごいですね」

と検事が言ったということは、後から聞いた。

上司はいつでも引き際を考えて行動すべきだ。

「後生畏《こうせいおそ》るべし」という言葉がある。部下にはどんどん優秀な人材が現れ、自分を追い抜こうとする。自分がいつまでも君臨していれば、部下の芽を摘むことになる。「後生」を育てる種を蒔《ま》く引き際こそ上司の美学と心得たい。

第4章「社会の壁」を乗り越える

―「活かす」上司は常識とどう折り合いをつけるか―

部下を「活かす上司」「殺す上司」――あなたはどっち？④

- □「法令違反はするな」と口を酸っぱくして言いさえすれば、部下は従うと思う
- □若い部下の非常識で突飛な提案は直ちに却下する
- □どんなに素晴らしい提案でも、リスクが大きければ受け入れることはできない
- □社内の馬鹿馬鹿しい常識は、労力をかけて改善するより我慢して適応した方がラク
- □仕事は家庭に持ち込まない。家族には仕事の話は一切しない
- □遅くまで残業している部下、休日を返上して仕事している部下を高く評価する
- □夕方5時以降も席に着いていることが多い
- □出来れば優秀な部下だけを集めて仕事したい

1　会社の常識にとらわれないために

「うまくやってくれよ」と安易に言わない

会社の枠組みと社会の枠組みは違う。会社の常識と社会の常識とは違うと言い換えてもいい。

たとえば「お客さまは神様です」と言いながら、神様であるお客さまとそうでないお客さまとにはっきり区別している。神様でないお客さまは銀行で言えば窓口で並ばされ、待たされ、貴重な時間を浪費することは常識だ。文句でも言おうものなら、コンピュータのような感情のこもらない声で謝罪されるが、対応が改善されることはない。

また、会社というものは本気で謝罪するということはない。悪いことをしたら謝るというのが社会の常識だが、それは通用しない。ある大手不動産会社は土壌汚染マンションを販売して社会から攻撃を受けても、最初は謝罪もなかった。自分が土壌汚染されたマンションに住んだら、どんな気がするか考えてみたらいいのにそうは考えない。顧問弁護士に相談すると、「裁判になっても勝てる」と言われたので強気になったのだと言われている。

そこで社会に向かって「法律違反ではない」と横柄《おうへい》な態度を取った。途端に社会の常識から攻撃されて、会社の信用は失墜してしまった。社会保険庁も保険料納付率データをごまかしながら「悪いことをしてはいない」と開き直った。すると当然ながら社会から「解体的出直しをしろ！」と言われてしまった。

「会社」と「社会」は、その漢字も逆になっている。この通り、なんでも逆だと考えていたほうがいいのかもしれない。

独占禁止法の罰則が強化されても、なかなかなくならない談合事件を例にとって会社の常識と社会の常識がいかに違うかをさらに説明しよう。

「談合」というのは、公共工事などの請負入札の際に、工事会社が事前に入札価格などを相談して、秘密協定を結んでおくことだ。発注側の公務員も関係していることが多いが、いわゆる出来レースで、入札価格や落札会社が決まっている。建設費などのコストが下がらないので、税金の無駄づかいだと問題になっているわけだ。

どうしてそうなるのか。談合についてトップが担当者にこう言う。

「そういうことはやらないでくれよ」

だが部下にはその声が「うまくやってくれよ」と言われたように聞こえるのだ。

なぜ、そんなことが断言できるか。それは私自身がいわゆる銀行界の「談合担当者」だったからだ。若い頃、大蔵省担当のようなことをやっていて、振込手数料や預金金利などを他の銀行と相談して決めていたのだ。他の銀行が「手数料を下げる」などと言いだそうものなら、よってたかってその提案を引っ込めさせるようなことをしていた。だから「談合担当者」の気持ちはよくわかる。

部下はトップの喜ぶ顔を想像しながら、聞こえた通りに談合を一所懸命うまくやろうとする。誰にもわからないように暗号とか符丁みたいな言葉を使う。自分たちの会社の敷地内では相談しない、あるいは上司への報告は極力避けるなど……。

「そういうことは（法令違反だから）やらないでくれよ」

トップの部下へのこの言葉は、あくまでも一種のポーズにすぎない。保険をかけておくといってもいい。だから、談合事件が発覚したときにトップは、まず間違いなく、

「私はやるなと言っていました」と言い訳することになる。見苦しい限りだ。

「絶対に談合はやってはいけない」

トップが本気でそう思っているのなら、会社内の談合の仕組みの中に入っていき、「本当にお前たちはやっていないな」と自ら確認しなければならない。そして談合をやっているこ

とが社内調査で発覚したならば厳罰を下す姿勢で臨むべきなのだ。徹底して処分された前例ができれば、談合はなくなる。当然ながら社内調査で談合を見つけることが重要で、社会からの糾弾を受けた後から厳罰を下すのでは手遅れだ。

部下は、上司の「やるなよ」を「うまくやれよ」と自分なりに曲げて解釈する。その結果、うまく社会にバレないように談合をやった人が会社の中で偉くなる。

だから、その後任の部下たちは、自分たちもうまくやったら偉くなれるんだ、うまくやるべきなんだ、うまくやるのが会社の利益なんだ、というふうに受け取ってしまうのだ。

談合、これは社会の不利益だ。それは結果として社会から責任を追及され、会社の不利益となる。そのことを本気で理解している会社はまだ少ない。

「談合はなくなりませんよ」

と平気で言うトップがいる。談合は、常識だと。しかしそれは会社の常識であって、社会の常識から言えば、非常識以外の何ものでもない。

前述したように本来なら上司がその部署に、手を突っ込み、どういう仕組みになっているのかを自らの手でオープンにするべきものだ。しかしそのような気構えもなく、**口先だけで「やるなよ」と言う。だから部下には当然、「うまくやれよ」と聞こえてしまう**のだ。

部下の気持ちがわかっていないのか、あるいはわかっているのにわかっていないふりをしているのか。わかっていないふりをしているんだとしたら、非常にずるい。卑怯だ。自分には火の粉が降りかからないと思っている。しかしそれは大きな間違いだ。

総会屋事件の渦中で、逮捕された総務部の幹部が嘆いたことがある。株主総会を平穏無事に乗り切るために総会屋に利益供与するという罪を犯した。そのため社会から強烈な非難を受けているにもかかわらず、ある役員が「今回の株主総会もうまくやってくれよ」と言ってきたというのだ。何という非常識なことか！　私はその話を聞き、「いったい誰がそんなことを言うのですか、名前を言ってください」と彼に詰めよった。しかし彼は「それは言えない。私たちは自分の役割を忠実に果たすだけだ。それが男のロマンだよ」と寂しく言った。

上司とは、こういう真摯《しんし》な部下の思いを自分の思いにできる人のことだ。部下のことを本気で思ってくれる上司の下でなら、部下は社会のルールに適合する方法で、仕事を「うまくやる」ものなのだ。

部下の提案をすぐに否定しない

部下の提案に対して、すぐに「そんなことはできない、無理だ」と言う上司がいる。

それは上司が長年のつまらない会社の常識にとらわれているからだ。

本来の目的を見失い、目的達成のために、たとえ有効な提案であっても自分にリスクが及びそうだと否定するのは愚かな上司の典型だ。

Aという会社があった。資金繰りが苦しい。倒産する可能性があった。しかし製品は優秀で、市場の評価も高い。再建するべきとの方針を立て、本部も了承した。メインの取引銀行は第一勧銀でサブ行はS銀行だった。第一勧銀では私が担当だった。再建は計画通り苦労しながらもなんとか順調に進んでいた。後は支援スポンサー企業の正式回答を待つだけになっていた。そのとき、サブのS銀行が、A社の預金口座に差し押さえをかけ、貸出金を回収しようとしてきた。差し押さえを解除してもらわなければ、倒産してしまうと私は焦った。

そこに本部の審査部長から、「S銀行が差し押さえているのに、なぜ、対抗して貸出金と預金を相殺して回収しないのだ」と怒りの電話が入った。そして「すぐ審査部へ来い」と言う。私が審査部に行くと、部長室に閉じ込められた。そして彼から「S銀行と同じように貸出金を回収しなければ背任だ」と脅された。

私は「そんなことをしたらすぐに倒産してしまうではないですか」と反論した。しかし部長は「背任だ。すぐに貸出金と預金を相殺しろ」と言って引き下がらない。S銀行の差し押さえに対抗するには相殺しかないからだ。

私は断固としてその指示を拒否して「S銀行に差し押さえを解除してもらうか、スポンサーに早く結論を出してもらうかに努力するべきだ」と主張して、対立した。結果的には私の主張が通り、S銀行の差し押さえ解除を交渉して、事なきを得た。もちろんA社の再建は成功した。

審査部長は「A社再建」という大きな方針を見失いS銀行の差し押さえにすっかり動揺してしまったのだ。もしメイン銀行が貸出金の回収に走ったとしたら、せっかくもう少しで再建可能なところまで来ているのに、今までのすべての努力が水泡に帰してしまう。ところが、部長は自分に責任が及ぶことだけを考えて、「今やるべきは、S銀行に差し押さえ解除を依頼するか、スポンサーに早期結論を出してもらうことに努力すべきだ」という私の提案に対して、まず「だめだ」と言ったのだ。これは審査部長としての常識にとらわれてしまったのだ。彼はもっと大きな目的のために何をなすべきかを考えるべきだったのだ。

最高の上司は、いつでも大きな目的を見失わない。そのためには部下の提案がたとえ突飛なものであっても、会社の常識に反していたとしても耳を傾け、有効なら、彼の提案を採用するという度量を持つべきだ。

「会社の常識」より「社会の常識」を優先させる

会社にはつまらない常識がはびこっているものだ。それは部屋を何年も掃除をしていないため、汚れがびっしりとこびりついているのと同じだ。愚かな上司はその汚れに気づいても掃除するのが面倒で、我慢してカビ臭い部屋で仕事をする。当然、仕事ははかどらず、成果は上がらない。

最高の上司は大胆に掃除を実行し、快適な部屋で能率よく仕事をし、成果を上げる。たとえば「会社の中で、この人間を別のポストに動かしたら、会社の事務に支障をきたす」という常識がある。これはつまらない先入観だ。

あなたがあるポストに就いたときに、「どうも自分の部署の仕事の流れがスムーズにいかない」とか、「時間外が多い」と思っていたとする。

そんな状況のときに、その部とか課の中で中心になっているベテランを、まったく新しい仕事にあっさりと替えてみる。替えてみることで仕事が効率化する可能性にかけてみようとするのだ。すると、

「彼（彼女）をそんな仕事に替えたら、会社の仕事は回りません」

と部下から困惑した様子で言われたりする。

それでも思い切ってベテランを動かす。

たしかにその後をフォローする必要はあるだろう。しかし、動かした結果、ベテランが持っていた仕事の膿が外に出て、無駄なものが排除されることになる。

またそのベテランも新鮮な気持ちでまったく新しい仕事に取り組むことになる。預金係を一〇年もやっているベテランを外国為替係に行かせるとする。彼は外国為替係のことを知らないから周りの人に一所懸命教えてもらったり、勉強したりする。その結果、今まで慣れた仕事の上にあぐらをかいていた彼自身が成長していくものなのだ。

株主総会の運営業務でも同じことが言える。

「三〇分程度で終わらせるのが株主総会の常識だ」

ということがかつては当然のことのように言われていた。

去年は、二五分だったから、今年は二四分にする。このように時短ばかりを目指すのが、株主総会における会社の常識だった。

しかし、その常識とはいったい何なのか、時間を短くし、株主からの質問を少なくすることに何の意味があるのか、そう疑ってみる。

今までの常識に反して株主からの質問を全部受けつけるようにする。今までの会社の常識ではない常識があることを、上司に知ってもらう。

つまり「短くする」という会社の常識を、「三時間でも四時間でもとにかくやるんだ」という常識に切り替える。それだけでずい分と何もかもがうまく回り始めることになる。株主との関係もよくなり、会社の評価も上昇する。

会社も社会も絶えず変化し、進化している。今までと同じだと思わないで仕事をするべきだ。

家庭に仕事を持ち込む

あなたが結婚しているなら、妻（夫）は、あなたとは別の常識の世界で暮らしている。専業主婦（夫）なら主婦（夫）として、別の会社で仕事をしているなら会社員としての別の常識を持っている。そこで家庭という場で互いに違う常識をぶつけ合うことで、新しい考え方を構築したり、あなたの常識の修正などを行ってみるとよい。家庭円満の効果と合わせて一石二鳥とはこのことだと知るだろう。

「家では仕事の話は絶対にしない」

これを仕事上での常識にしている人が多い。しかしその常識を捨てたほうが仕事もうまくいく。**家庭で仕事の話をどんどんするべきだ。**

夫婦仲が悪ければなおさらのこと、特別仲がよくなくてもかまわない。それがコミュニケーションにもなって夫婦仲もうまくいくようになるだろう。たとえば飲料会社でビールと焼酎を混ぜたものとか、焼酎とウーロン茶を混ぜたものをつくろうと提案したとする。会社ではみんなから、そんなの売れるわけがないと反対された。そのことを家に帰って妻（夫）に話す。すると、それはおいしいに違いない、と意見を言ってくれるだろう。その意見が単なるお追従でなければ、励みになる。

また会社で上司からばかなことを言われて腹が立って仕方がないんだ、という話をする。すると、専業主婦（夫）である妻（夫）は「生活者の視点」で上司とまったく違うことを言ってくれる。それで自分の中でバランスがとれて意外にすっきりしたりすることがある。

あるいはまた上司になって、部下の扱いに悩むことがあったとする。妻（夫）に相談する。そうすると上司でも部下でもない、第三者としての違う視点に立った意見を言ってくれる。すると途端に、新しい展望が開けたりすることもある。

妻（夫）のたった一人の意見だ。しかし一〇〇万人分ぐらいの賛成意見があったように、自信を持って会社で提案することができたりするものなのだ。

仕事のことは家に持ちこまないというのが常識になってしまったせいで、それを自慢気に言う人がいる。しかし妻（夫）にも仕事のことを話すことで、彼女（彼）がよりあなたの仕事への理解を深めてくれるというのはとても素晴らしいことだ。

あなたが最高の上司として会社の常識にとらわれて、判断を間違えないためには妻（夫）と話をし、「生活者の視点」の意見を求めるように努めるべきだ。

2　時間をうまく使うパフォーマンスとは

部下の仕事のスイッチをオフにさせる

「滅私奉公」という言葉がある。個人の利益を犠牲にして会社などに自分を捧げることだ。これを自分の主義として自分だけで実践するのではなく、部下に強いる上司がいる。部下の時間と自分の時間を一緒にしてしまうような愚かな上司にはなりたくない。

「一日を六時間ごとに分けて使う」

ある経営者が言った。なるほどと合点がいった。

たとえば最初の六時間は自分自身に情報をインプットする。次の六時間はアウトプット、次の六時間は寝るとして、残りの六時間はパーティで人と会う、と。

効果的な時間管理とは、公と私の時間をきっちりと分けることだ。それは上司であるあなたにとってもいいことであり、部下にとってもいいことだ。

ある経営者は、郊外の自宅に新幹線で一時間半もかけて必ず帰る。そして自宅で夕飯を食べる。宴会が嫌いとか、つきあいが厭《いや》だとかいうのではない。ストレスを発散する役目を通勤時間が果たしてくれているのだ。仕事が「公」の世界だとしたら、一時間半、新幹線に乗ることで「私」の時間にタイムスリップできる。

逆はよくない。上司が、部下に残業させる、自分はお客さまと飲みに行く。五時頃から出かけて、接待が終わるのが九時とか一〇時頃。「誰か残っているのか」と酔った声で会社に電話をかけてくる。電話に誰も出なかったら全員帰宅したということになる。

翌朝、誰も電話に出なかったことを部下にくどくどと苦言を言い、「昨日は九時過ぎに電話をしたが誰もいなかった。そんなことで仕事ができると思ってるのか」と怒鳴り出す。

部下の生活時間などを無視したひどい上司だ。

休日出勤を強制する上司がいた。休日出勤というのは警備や労働基準法のこともあるから、事前届出が必要になってくる。会社の通用口に警備員がいて、社員が出勤すると受付簿に名前を書かせる。これを書かないと会社の中に入れない。そこである上司は、休日の都度、通用口の受付簿を点検して、誰が休日出勤をしているかをチェックした。

休日を返上して会社に来ている部下の評価は高く、来ていない部下の評価を落としたのだ。それを大っぴらに賞与の査定に反映させた。休日も部下をここまで働かせているんだ、などと彼は自慢気に話していた。自己満足だけで、部下の生活時間を思いやらない愚かな上司だ。

仕事というのは会社という建物の中だけでするものではない。休日に家族と寛《くつろ》いでいて、突然素晴らしいアイデアが浮かぶこともある。最高の上司は仕事モードと休みモードの切り替えがうまいことが条件である。ところが上司から常時仕事モードのスイッチをオンに強制されている部下は自分で休みモードに切り替えできない。そのため疲労困憊《こんぱい》するのだ。部下を強制労働させるようなこんな愚かな上司は会社のガンというべき存在だ。

部下自身に時間管理をさせる

上司は、自分の時間管理が部下に影響することを胆に銘じていなければいけない。部下は絶えず上司の行動を監視している。こっそりと上司のスケジュール表をのぞき見たりもしているのだ。上司の時間管理に合わせて、自分の時間管理をしていると言っても過言ではない。だから部下の能力を引き出し、伸びやかに働かせ、成果を上げるために、最高の上司は**部下自身に自分の時間管理をさせねばならない。そのためには部下が自由にできる時間を増やすように努めるべきだ。**

愚かな上司は、接待で自分が楽しむばかりでお客さまは少しも面白くない。そのため、お客さまは彼を二次会、三次会に誘わないで早くお開きにしてしまう。時間が余った彼は、部下が残業して仕事をしているかをチェックするために会社に戻ってくる。それだけが楽しみなのだ。

そういうことが度重なると、部下は、接待に行っても上司は必ず帰ってくるからと、仕事がなくても残っていたり、残っているふりをしたり、と意味のないことをする。そんな悪循環に陥る。これが、上司の時間管理が部下にも影響するという典型的な例だが、このことを上司はよく考えないといけない。

そもそも部下のことよりも自分の時間管理しか考えていないからそうなるのだ。

混んだ電車に乗りたくないから早い電車に乗って、ゆっくりと座って通勤してくる上司がいたとする。会社の最寄り駅に七時頃に着いて、そのまま会社に七時半までには出勤する。たまっていた書類をパッパッと処理する。何もやることがなくなる。七時半過ぎには部下の報告を受ける態勢にある。その結果、部下全員がその上司よりも早く出社するようになる。正規の始業時間頃になると彼は仕事を終わっている。それを自分では素晴らしいことだと思っている。

ところが一人だけ九時の始業近くにならないと出社しない部下がいたとする。すると彼の報告を受けるのはいつも遅くなり、上司はいらいらし始める。やがて部下に、「君、もっと早く出勤できないのかね」と文句を言うようになる。

自分ではできる上司と自負していて、部下に迷惑をかけているとはつゆほども思っていない。部下の中には、二四時間ずっと仕事を考えているが、遅く出社するというタイプもいる。そのことに想像が及ばない。休日出勤していても何もアウトプットもしない部下もいるし、早く出社していなくても大きな実績を上げる部下もいる。仕事のタイプが違うのだ。

あくまでも部下のことを考えて自分の時間管理を考える。そうしないと幾重にも無駄が増えることになる。結果的にまったく時間管理ができていない上司になるのだ。

明日できることは明日やる

部下の時間は上司が自由にできる時間ではない。

「自分の勝手な時間の使い方で部下を束縛していないか」

このことを上司は常に考えていないといけない。

サラリーマン社会には長時間勤務をしていることが偉いという悪しき風潮が今でもはびこっている。特に昔気質《かたぎ》の上司にそういうタイプが多い。

「あいつは何時間働いて、土曜、日曜も出勤して頑張ってくれた」

それを美談のように言う上司もいる。フレックスタイム制や裁量労働制を導入しても、時間外だけが少なくなるだけだ。上司は、長く会社にいて、机にしがみついている部下を見るとよく仕事をしていると思いがちなのだ。

むしろ**土曜も日曜も出勤したり、深夜まで仕事をしていたら、人に見られたくない書類があって不正をしているんじゃないかという疑いを持つくらいのほうがいい**のではないだろうか。

小《お》椋《ぐら》佳《けい》さんは音楽をやっていた。彼は銀行勤めのとき、四時半ぐらいから机がすごくきれいで、五時になったらさっと帰っていたという。仕事を効率的に仕上げ、自分の創作活動の時間を捻出《ねんしゅつ》していたのだろう。当然、彼の部下も仕事を効率的に行い、成果を上げていた。

上司が公と私をきちっと分ける。上司がぐだぐだといつまでも会社に残っていると必ず非効率になる。パッパッと適切に判断するような上司なら部下の時間までが効率化する。部下がたくさんの書類を時間をかけて作るのは上司の判断が遅いからだ。

会社に長くいるのは自分が寂しいだけだったりもする。ある上司は、いつまでも残っていて、小さな書類のミスを見つけてはガァガァと怒ってばかりいる。犬が遊んでくれと無駄吠《ぼ》えをするようなものだ。部下を呼びつけて何十分も説教をしている。部下はその間に仕事ができるのにと思っている。それでまた遅くなる。そして、しばらくいて、部下の誰も遊びの声をかけてくれないとわかると「しっかりやれよ」とか言って一人寂しく帰っていくような上司は結構多い。

ある有名なトップの近況について新聞に記事が載った。彼はスケジュールを自分で管理するという。秘書まかせにせず立派な人だと思い、その新聞の記者と話をする機会があって聞いてみるとこういう答えがきた。

「実は違うのです。スケジュールを自分で管理できるほど余裕があるんです。人が声をかけてこないんですよ。それで周りは困っているんですよ」

トップは分刻みのスケジュールが入っているのが普通なのに、それがない。

「パーティでも誰も彼には近寄ってこなくてね」と記者は言う。

こんなトップは困りものだ。トップに人気がないから客との接待が入らない。部下はトップのスケジュールを必死で埋めていることだろう。

いつまでも、会社の椅子に張りついているような上司はよくない。見栄でもいいから、五時になったら帰る。今はパソコンでスケジュール管理ができる。嘘でもいいから、プライベートのPというマークでも入れておく。

「いつも忙しい部長に申しわけないんですが、この時間に相談を一件入れたいんですけど」と部下がお願いするぐらいにしておいたほうがいい。「五時から男」になれとは言わないが、うちの部長の五時からのプライベートは「予定なし」というのも、上司として恥ずかしいと思ったほうがいい。部下もそんな上司を情けないと思っている。

どんなに忙しい部署でも、事務担当者には五時になったら帰れと指示するべきだ。営業担当者ならばどんなに無理をしてでも七時には帰らせる。時間管理に関してはこうした数値目標を徹底することだ。

時間に追われない仕事のやり方を徹底する。今日できることは明日に持ち越すな、と言うが、明日できることは明日やる、ぐらいの気持ちでいたほうがいい。

そのほうがアイデアが出ることもある。人間の脳は休ませたほうがいいし、七時には会社を出ると決めたら、七時に出られないネックを部下と一緒に考える。すると日中の仕事の密度が濃くなる。

なぜか。反省も含めてだが、若い頃、私ほど残業をした人間はいないと思っている。毎日、会社を深夜なのか早朝なのかわからないが三時か四時頃出てタクシーで約一時間かけて帰宅し、風呂に入って一〜二時間ぐらい仮眠をとったらまた出勤する、という生活をずっと続けていた。しかし朝八時に出社して翌朝三時まで根を詰めて働いているかといえば、そうではない。むしろ、疲労しているから午前中は喫茶店でぼんやりとしているような状態だった。（どうせ今日も遅いから）と、どこかで考えている。その部署の一番下で受け身の仕事をしているときだったので、上司に指示されて残っているわけだから、自分で時間管理をしていない。（今日も一二時過ぎるな）と思うと、一二時を過ぎるような仕事の段取りを組んでしまう。そうすると、どんなに頑張っても仕事は一二時までに終わらない。本当に無駄な時間ばかりが過ぎていった。

その時代の反省もあるから、時間に関しては、長くやろうというよりも、むしろ日中の密度を上げるほうがいいと考えるようになった。お天道様が出ているときのほうが脳は活性化することは間違いない。

「締め切りの考え」で時間をマネージメントする

すべての物事には終わりがある。終わりからスケジュールを組み立ててみるのがいい。

「締め切りの考え方」を時間管理に取り入れる。頭の中でどんな問題も、どんな課題も、必ず終わりがあると考える。どんなに苦しいことがあっても、たとえば株主総会は、どんなに揉めようとも株主総会が終われば終わりだ。そこまで乗り切ればいい。

違いがあるとすれば、一〇〇％乗り切れるか、六〇％かという、内容の問題だ。三月三一日の役員会までにすごく難しいテーマを与えられて、報告をするようにと指示されたとする。

そこで一〇〇％の提案ができるかどうかは、また別の問題だ。とにかく三月三一日という期限があって、その期限に向かってスケジュールを組めばいい。

そういうように考えると非常に楽な気分にならないだろうか。必ず期限がある、期限が過ぎたら終わり、それ以降やっても意味がない、そう考えるのだ。

ところが、大きなテーマや問題を与えられると、終わりがないように勘違いしてしまう。だから余計に苦しんでしまう。段取りを考えてこなしていくことが得意な人と、そうでない人がいるから一概には言えないが、終わりがある、締め切りがあると考えるべきだ。その日までにやれなかったら、もうお仕舞い。三割、四割しかできなくて、たとえ怒られたとしてもとにかく終わらせてしまうのだと考えればプレッシャーに潰《つぶ》されることもない。

結果がよくない可能性はある。だが確実に終わる。だから、終わりから考えていくといい。自分では五割しかプランを煮詰めることができなかったら、早めに上の人に相談して、一割、二割をプラスしてもらう。そのためには終わりからどのくらい余裕を持ったらいいのかとか、そういう具合にスケジュール管理をする。

ただそれでもできない部下はいる。たとえば銀行では突然、支店長のところに印鑑を捺してくださいと書類を持ってくる。「なんだ、どういう貸出金だ？」と訊いてみると、実行日が今日になっている。審査部の許可を得なければいけない貸出金のときには慌てて部長に電話をして「今から相談に行くが、今日じゃないと間に合わない」と頭を下げる。

審査部長は支店長に、「何やってるんだ。こんなギリギリに審査部に出すとは。今日の今日で認可など下ろせるか」と怒鳴る。

まさか部下が悪いと言えない。そんなことを言おうものなら、最初から支店長の君が案件の管理をしておけばいいじゃないかと言われるのがオチだ。正にその通りでそれぞれの部下がどんな案件を持っているか把握しておくことは大事なことだ。

部下からの書類が遅いと我慢しきれなくなって、自分で書類を書いてしまう上司がいる。

「お客さまから三月三一日実行予定の、一億円の融資の申し込みを受けています」と言っていたのに一五日になっても書類が上がってこない。

「大丈夫か、やっているのか」と訊くと「はい、今やっています」と部下は言う。何度訊いても「今やっています」。まるで蕎麦屋の出前なので我慢しきれなくなって自分で書類を書いてしまう、という具合だ。

この場合、部下のタイプには二通りある。上司が代わりに書いてくれたことでほっとする部下と、自分がやりたかったのにと思う部下と。いずれにしても上司が部下に代わって書類を作成するのは部下のためにはよくない。

私は、ずっと我慢をして待っているタイプだった。直属の上司である課長には「ちょっと我慢していた。部下が相談にくれば、スケジュールについての私の考えを教えたりはする。

「これを一日でも前に出せば、僕と君とでこのお客さまについての話もできるでしょう。そうすると君の勉強にもなる。どうして一日早くできないか、真剣に考えてみなさい」

という話をしてあげる。

スケジュール管理、時間管理が苦手なタイプには、終わりから考えるスケジュールの組み方を教える。「今日の今日という案件」ではろくなことにならない。

ある上司が支店長として赴任した直後に、「今日の今日という案件」にいくつか印鑑を捺した。それがみんな不正融資だったことがある。

「印鑑を捺してください」と「今日の今日という案件」に、いちいち細かいことは訊くのも困るが、自分は腹が太いんだというところを見せるつもりで、よく検証もしないで印鑑を捺していると、部下に足をすくわれるケースもあるということだ。

だから部下の顔をよく見て、この部下は信用できるかどうかを判断する。信用できそうではなかったら、その場で印鑑を捺さずに、後でその書類をじっくり読むようにしたほうがいい。部下は不正融資をやっているからじっくりと目を通す時間がないように、わざと今日の今日にして持ってきたりするわけだから。

サラリーマンの仕事には必ず終わりがある。そしてその仕事の延長線上で、サラリーマン人生にも必ず終わりがある。そのように考えると、どの程度まで部下に自主的に仕事を任せられるかというのも上司の器だと思う。部下が成長していき、彼のサラリーマン人生の終わりに向かってきっちりと仕事ができるように方向づけをしてやるのが上司の指導力だ。これもある意味で時間管理だ。

出世にだって必ず終わりがある。そんなに深刻に考えることはない。一〇割の評価を得る人は出世するし、どう頑張っても五割の評価しか得られなかったら、その程度だと考えればいい。サラリーマン人生なんて、その積み重ねだ。

期限までにいつも三割ぐらいしか仕事ができないのを棚に上げて、「俺はなぜ出世できないんだ」と文句を言うのはおかしい。だったらどんな工夫でもして期限までに五割、六割に上げればいい。そうすれば出世はおのずと後からついてくるだろう。

3　上司にとって何が有益な情報なのか

"心地いい"情報だけを選ばない

情報を選択し、分析する能力は、上司に絶対必要だ。多くの情報の中でどれを選び取るかで、その情報に会社の命運がかかってしまうときさえある。

トップに重要な情報がたくさん入るかというとそういうものでもない。たくさんの情報があっても玉石混交だから、その中から玉の情報を選ばなければいけない。

大事なことは、選ぶときに、甘い期待を抱かないことだ。情報というのは冷静に、客観的に扱わなければいけない。

ところが**立場が上になればなるほど、耳にやさしい心地よい情報を選びたがるものだ。**

「悪い情報を早く上げなさい」

と上司は言う。

しかし、部下は、できれば悪い情報よりもいい情報を上げたい。いい情報を上げてほめてもらいたいと考えている。

たとえば四七都道府県のうち、四〇県ぐらいで売り上げが落ちているのに、少しでも売り上げが伸びている県の数字を頭に出したりする。ああ伸びているところもあるのか、と上司も思う。悪い情報よりはいい情報を聞きたいという願望があるからだ。

東京地検が何日、何時に銀行本店に入るとの情報を入手した。信頼のおける情報筋から来たもので間違いないと私は思っていた。しかし、トップは（東京地検に）入ってほしくないという気持ちが強いから「入らない」という情報のほうに耳を傾けたくなる。

トップと、顧問弁護士を集めて、対策会議を行った。

「何日の何時に東京地検が本店に入りますから、その準備と心構えをしておきましょう」

と提案した。

するとトップも弁護士も「銀行に東京地検が入るわけがないじゃないか」と反論した。そんなことは今までなかったことだからだ。弁護士は、地検ともつきあいがある大物弁護士だ。その人が権威をかさに着て言うものだから、トップは「そうですよね」と納得してしまう。

ここで大事なことは、情報をフラットに扱うという心構えだ。

本音で言えばトップは東京地検に入ってほしくないと思っている。当然だ。しかし、入ってほしくないと甘い期待は抱かないようにする。入ったら入ったで対処する、入らなかったら入らなかったで対処する、こういう気持ちを持って情報をフラットに扱うことができるかどうか。それが上司の器だ。

「物事というのは、最悪の場合を想定して準備するべきでしょう。東京地検が入らなければそれに越したことはない。書類を隠して隠蔽しようということではなくて、来たときにじたばたしないようにしておくのは大事なことではないでしょうか」

と私は言った。そういう言い方でその場をおさめトップや部長たちを集めて指示を出した。

「東京地検が入ったときには、検察の捜索令状を確認してください」

「勝手に入れちゃだめです。捜索令状で、野村證券の関係なのか、第一勧銀自身の容疑なのか、確認してください」

「それぞれの部署に入ったときには検察官に一番信頼できる部下をつけて、向こうの言うことにスピーディに対応できるようにしてください」

「書類を変に出し渋って、隠蔽とか言われないようにしてください」

「強制捜査に入る部署はことことここです」

などと事細かに指示したら、言った通りの日、時間にぴったりと東京地検が銀行に強制捜査に入り、指示した通りになった。

「（強制捜査の）経験があるのか」

とトップに言われてしまった。あるわけがない。国税の税務査察と基本的には似たようなものだから、そういうところから想定しただけだ。

こんなメモやこんな書類が残っているが、どうするか、という相談をしてきた部長もいた。

「それは全部そのままにしてください。変に処分したりすると頭隠して尻隠さずということになります。今、目についたものをシュレッダーにかけて処分してもその前に遡れば必ず残っているということになりますから、そういう隠蔽工作のようなことはしないようにしてください」

私の指示を甘く見て無視して、東京地検に逮捕寸前までとっちめられた部長もいた。

上司に情報が入っていても役に立たない場合があるのは、冷静にその情報を選択し分析しないからだ。それは、上司が心のどこかで自分にとって都合のよい情報を求め、悪い情報は避けたいという気持ちを持っているからだ。

いい話は事前に喜んでおく

いい成果が上がりそうな情報が入ってくると、成果が上がる前に大喜びしておくことが、

後々に情報の冷静な分析をすることにつながる。

当然ながら、上司には、情報が集まりやすいのは事実だ。ただ、その中から選択するのに、自分にとって都合のいい情報を選んでいないかと、常に客観視したほうがいい。そのためには事前に喜ぶことが有効だ。

たとえば、新規貸出金の大型案件があったとする。お客さまが一〇億円の貸出金の取引を、まったくの新規取引でやってくれる。部下がそういう情報を上げると、上司は「まだまだ喜ぶな。まだ実際に果実になっていないのに今喜んじゃいけない。契約をちゃんと結んでから喜べ」と言う。

そうではない、むしろ事前に喜んだほうがいい。

「よぉし、万歳、祝杯だ」

どういうことか。契約ができそうだ。その段階で、今日一杯やろう、おめでとうと祝杯を挙げる。事前に大喜びをしておけば、実際に契約したり融資を実行したりするときには、本当にこの金は返済されてくるのかと冷静になって考えて契約することができる。そして、ちょっとでも疑念が湧《わ》いたら契約はしないでストップする。そういう判断ができる。

たいていの人は、契約が成立したら喜ぼうと思う。しかし**誰だって、早く喜びたい。**早く上司の喜ぶ顔が見たい。銀行の担当者なら支店長の喜ぶ顔を早く見たい、支店長は担当役員の喜ぶ顔を早く見たい。そして上からもおほめにあずかろうなどと思っている。

だから、焦って契約をする。融資を実行する。それで騙される。銀行の歴史は騙された歴史の集大成といってもいい。一般の会社だって同じだ。

具体的な例がある。ある大型新規取引を契約した後に、「俺は出世間違いない。今期は業績表彰間違いない、ボーナスが増えるぞ」と公言している人がいた。あんまりうれしそうだから「そんなこと言っていると失敗しますよ」と皮肉を言ったらまさに失敗した。その会社はすぐに倒産してしまったのだ。

彼は新規取引案件の話があったときに上司に報告すると、「早く契約してこい」と言われた。早く契約を結んで喜ぼうと焦ったから、同業者の評判を聞くとか、その会社が本当に仕事を順調にやっているのかなど、いわゆる側面情報を取るのを怠ったわけだ。

事前に上司と祝杯を挙げておけば、実際に契約をする段になって、「ちょっと待てよ、調べ足りないところはないかなあ」と冷静に考えることができたはずだ。

自分に入ってくる情報は少しだと知る

上司には多様な情報の入手ルートを持ち、入手した情報を分析することで経営リスクを回避する能力を持っていることが求められる。これは情報人脈づくりとでもいうべきことだ。

情報にはいろいろな段階がある。情報は底辺の広い二等辺三角形の構図をしており、底辺にうごめいている情報には、ブラック情報というべき怪しいものもたくさんある。リスク管理という観点からすれば、あなたが知ることのできる情報は、頂点の先端のわずかばかりの情報だけだと知っておくべきだ。

上司になったら、仕事の関係だけでなく、プライベートでも、頂点の情報をくれる人間、中間ぐらいの情報をくれる人間を、それぞれ持っておいたほうがいい。

情報入手のために何も暴力団や得体の知れない人間とつきあえなどということではない。世の中には底辺のまだまったく形にならない情報を扱う人間がいる。底辺の情報というのは、たとえば、「○○企業で今不祥事が起きているよ」といった噂話の域を出ないような情報だ。それこそ、「○○企業の社長さんが女と問題を起こしてるよ」とかそんな情報だってある。

そういう情報は世の中に山ほどあって、それを商売として扱う人がいるのだ。こんな嘘か真実かわからないような情報を熱心に集めることはない。ただし注意しておくことは必要だ。いつ、自分の会社の悪い噂が流れ出すかもしれない。

融資が不良債権化しているAという会社がある。暴力団のフロント企業らしいという噂がある。しかし警察から情報を入手するというのもいろいろ問題があるから、それもできない。

この場合、〝この企業〟を攻めて融資を回収するにはどうすればいいのか、また〝今〟回収を決断すべきなのか。法律にのっとって、粛々《しゆくしゆく》と強制執行をやるほうがいいのか、もしA社が本当にどうしようもないぐらいエネルギーを持っている暴力団だったら何をされるかわからない。こういった輩が相手の場合は、身体的危険さえ伴う。レーガン大統領でもヒットマンに撃たれるのだ。ましてや、どうでもいい、しがない銀行員では、たとえ警察が保護対象にしてくれて、家を巡回警備してくれたとしても、暴力団が本気で「あいつを殺せ」ということになれば、殺される確率が高い。駅のホームから突き落とされるか、さらわれて海に捨てられるか、家族が誘拐されるか。事故を装ってやろうと思えば、方法はいくらでもある。

だから、現実にそういうことになったら大変だ。そういうリスクを真剣に考えれば考えるほど、A社を本当に攻めるべきか、悩むわけだ。

この場合、あなたはいろいろなタイプの人たちから情報を集めねばならない。警察関係、弁護士、そしてジャーナリストなど情報に強い人たちだ。彼らから集めた多様な情報は、リスクを回避させる役目を果たすことになる。

「筋」が読めると一気に解決していく

情報は自分で分析して、組み立て直し、筋を読まねばならない。多くの情報の中から本筋の情報を入手するのは想像力の力だ。

情報の取り方は、まずは新聞でもいい。新聞でも、日経新聞、朝日新聞、産経新聞など、いろいろとある。普通のビジネスマンは日経新聞ぐらいしか読まないかもしれない。もし、情報について関心があるならば、三つぐらい新聞を読んでみるといい。それだけでもずい分違う。

三つの新聞記事を並べた上で、想像力さえあれば、相当深いところまで読み取れる。訓練次第で新聞記事の中にあえて記者が隠している密度の濃い情報を、読み取ることができるようになるはずだ。

情報というのは与えられて聞くだけではなくて、その背景に何があるのか、自分で想像しないといけない。これを筋読みという。社会部のベテラン記者と話すと、「最近の若い記者は筋が読めなくてね」と言う。何か事件が起きたときに、それだけを追いかけて記事にして終わりにしてしまうらしい。

ある新聞記事で些末《さまつ》な事件を見つけたとする。他の新聞を見たら同じ事件を取り上げているが微妙に記事が違う。もう一紙を見たら、事件の裏に隠された非常に大きい構造が見えてきたりする。これが想像力を使った筋読みだ。

Ａ新聞の、本当に小さなベタ記事に「手形の偽造犯が捕まった」と出ていた。その頃噂話として、「Ａ銀行のＥ支店の課長が行方不明になっているぞ」という情報が入ってきた。二等辺三角形の下のほうの情報だ。一方で手形の事件が起きている。それを頭の片隅におきながら「Ａ銀行のＥ支店、どこにあるんでしょうね、Ｋ区ですか」などと記者と話をしていたら、別のところから、「どこかの大手銀行で億単位の不祥事が起きているらしい」という情報がポツポツ集まってくる。すると、自分の中でストーリーが作られていく。

「Ａ銀行のＥ支店の課長が、手形詐欺軍団と手を組んでお客さまから一〇億円詐取した」

このような事件の構造がジグソーパズルをはめていくように出来上がるわけだ。それをどこかの雑誌記者に「こんな構図が描けたよ」とポンと投げる。彼らがそれを調べたらまさにその通りの事件が起きていたりする。

平時と有事では入ってくる情報が違う

情報に関心のない上司は、それだけで失格だ。現代は情報戦の時代だ。他人より早く質の高い情報を得る努力を惜しんではならない。その努力に見合う成果が必ず得られるはずだ。

何をおいてもまず情報に関心を持つことだ。ふんふんと、ただ聞いているだけではだめだ。情報については自分で筋読みをすること。自分で情報網を持つのが困難でも、新聞、雑誌を読んでいるだけで、業界の動向とか、先の見通しなんかもわかるようになる。

さらに、想像力を働かせればかなり確度の高いものになるはずだ。そして、情報についてはバーター取引ということもあるから、こういう流れを筋読みしたのだけれどどうか、と記者にきちんと返すことも、ときには必要だ。

三菱銀行と東京銀行が合併するという話を、雑誌記者からアンダーグラウンド情報で聞いた。それを教えてくれた記者は非常にしっかりした情報を持っている人間だから、これは正しいと思って、何人かの役員に「三菱銀行と東京銀行が何月に間違いなく合併するらしいですけど、対策を講じる必要ありませんか」と言った。

「そういう話はよくあるんだ、嘘だよ今度も」とか「そんなのいつも噂で終わっちゃうんだよ」と誰も信用してくれない。

「そうですか」と引き下がったが、実際に合併が新聞にスクープされたときに「どうでしたか、本当だったでしょう」と言ったら、そのときになってやっと慌てふためき「対策を至急打ちだせ」と騒ぎ出した。彼らは、三菱銀行と東京銀行はいつも合併の噂があるが、実際にはなかなか合併はしないし、本音では「してほしくない」と思っていたのではないだろうか。

情報を入手してもその情報をいかに正確に筋読みできるかが重要になってくる。「そうあってほしくない」という願望で重要な情報を捨ててしまっては情報が情報でなくなってしまう。また実際には情報として入手してきたわけではないものもある。要するに情報というにもおこがましい程度の断片ばかりなのだ。それらの断片情報の中から重要なものを見つけ出し、想像力を働かせてパズルに当てはめて考えることが必要だ。

平時はどうでもいい。だが、情報元との間に本当の信頼関係をつくっていないといざという有事のときに彼らは何も役に立ってくれない。だから、トップは「エリート社員なら普段から、関係業界、関係官庁といろいろつきあいがあるからいつでもいい情報が取れる」などと甘い期待を抱かないほうがいい。

平時はいつでもいろいろな情報が取れるだろう。しかし、いざという有事のときにはその平時の情報網は閉ざされ、まったく役に立たなくなることがよくある。

情報というのは、危機に際して自分がこういう情報を得たいと必死にアンテナを上げたとき、集まってくるようでなくてはならない。

ところが不思議なことに肝心なときには必要な情報が入手できない。そこで、部下は、上司が気に入るような情報を探し出して持ってくるものだ。だが、それがいけない。「こういう情報を得たい」という思い込みが間違いのもとになってしまうのだ。

たとえば、一〇〇〇億円の投融資プロジェクトがあるとしよう。それが採算に乗り、投融資が最終的には回収されるかどうか、多くの情報を集め分析する。それらの情報に基づき部下が案件を書く。部下は十分検討した結果、今回のプロジェクト案件は絶対に手をつけないほうがいい、採算が合いません、と報告を上げてきた。

ところが上司はそんな報告は聞きたくない。はじめから「やるという結論ありき」だからだ。そうすると、はっきりと口に出しては言わなくても、それとなく部下に改竄《かいざん》を要求して、採算が合うような情報ばかりを入手させ、プロジェクトはスタートする。その結果は当然にして不良化することになる。

情報はいっぱいある。何のための情報を集めるのか、あるいは集まってきた情報を何のためにどう利用するのか、どう分析するのか。

それをきちんと考えないとだめだ。部下がマイナス情報を入手してきたら、それはどういう意味なのか。また逆にプラス情報を入手してきたら、またそれはどういう意味なのか。上司自身が、トップの意向など余計なことを排除して、筋読み、すなわち分析をして、冷静な判断を下さねばならない。

情報の「源」に当たるとリスクは回避できる

判断の根拠となるような情報は上司なら、その「情報源」に自ら接触するくらいの覚悟を持って取り扱わねばならない。

すなわち情報で失敗しないためには、「情報の『源《もと》』に当たれ」という考えだ。

たとえば、部下が「金融庁の検査忌避は問題になりません。こんなのはどこでもやっています」と言う。すると、たいていの上司はそこで終わって、あっ、どこでもやってるんだ、と安心して、検査忌避に該当するゴマカシを継続する。

上司なら本当にどこでもやっているのかどうか、きっちりと調べないといけない。極端な話だが、他の銀行に「金融庁の検査をごまかしていますか」と聞くべきなのだ。

これが〝源〟に当たるということの、本当の意味だ。もちろん他がゴマカシているからといって自分がゴマカシていいわけはない。〝源〟に当たらずに、部下の情報をそのまま素直に「はい、わかった」と聞いてしまう。都合の悪いことを知りたくないからだ。結局、〝源〟に当たらないから失敗する。いろいろな不祥事でもそうだが、たとえば、雪印の事件でいえば、「ちゃんとパイプの掃除をやっています」という部下の情報を鵜呑みにして、〝源〟に当たらなかったから食中毒を引き起こすことになった。

第一勧銀でも、大物フィクサーといわれる人物について「この人は非常に怖い人です。当行の創業者とつながっています。暴力団が背景にいます」ということを言い伝えで聞いていただけだった。

その情報を自分で〝源〟に当たり検証した人は一人もいない。だからその大物フィクサーに言われるままに不正融資を繰り返してしまったのだ。自分が上司という立場で、責任を負わなければならないと思ったら、本当にこの情報が正しいかどうか、検証するべきだ。「幽霊の正体みたり枯れ尾花」ということだってあるわけだ。自分で検証しないでイメージだけ膨らませる。それを情報だと思っているから問題なのだ。

部下が「あの社長はひどいですよ」などと言ってくることがある。「トラブルは起こすし、文句は言うし」と。だが、実際にその人とすれ違ったりするとにこやかだったりする。このとき、「部下の話と、自分がすれ違ったときに受けるイメージはずい分違うな」と思ったら、部下の報告を鵜呑みにしない。そのお客さまに直接会って話を聞いてみるといい。

そうすると、意外に常識人だったりする。逆に、「あの社長はひどいです」と言った部下に問題があるケースも考えられる。だから、本当に心配だったり、気になる情報は〝源〟に当たるべきなのだ。

4　どこに着眼すると仕事はうまくいくか

"ひらめき"は二四時間の中から生まれる

　上司として仕事でベストな着眼点を持つには、どうしたらいいか。

　いかに二四時間、当事者意識を持って仕事のことを考えているか。それが着眼点がいいか、どうかにつながるのだ。別に二四時間、ベッタリと机にへばりついているということではない。とにかく仕事のことを純粋に考えているかどうかが重要なのだ。

　自分が当事者であるという意識を持っていること。それは平の担当であっても、中間管理職であっても同じように重要なことだ。トップは社員にプロになれとよく言うが、それは当事者意識を持てという意味だ。役員にしても、中間管理職にしても、当然、平の担当者ならなおさらのこと、本気で当事者意識を持つと仕事でいろいろと違ってくる。

　たとえば、レストランに行って、ある料理が出たとする。単純に、これはうまいとかまずいとか思うだけではいけない。これはこういうふうにできるとか自分のレストランで使えるとかいうように、自分がマネージャー、あるいはトップの立場になって考えてみる。それが二四時間、普通にできるか。この差で、上司としての着眼点の持ち方の良し悪しが、ずい分変わってくるのだ。ゴルフでいえば、レギュラーティーから打つのと、バックティーから打つのは違いがある。立場が上がればバックティーで打つことになるから、見える景色が全然違う。

要するに、着眼点というのは、アイデアとか思いつきとかと考えがちだが、そうではない。あくまでも当事者意識を持っているかどうかだ。

普段接客をしているときでも、相手のお客さまの話を「はぁ、はぁ」と聞き流さない。自分が相手のお客さまの立場だったらどう振る舞うかという当事者意識を持って接客をする。すると、相手のニーズがおのずとわかるようになる。

ひらめきにしてもそうだ。普段は何も考えていないのに、何かあったときに突然、ぱっと出てくるようなものではない。当事者として「自分が経営者だったらどういうことをするか」と、**いつでも二四時間、考えているからひらめきも強くなる**のだ。

アイデアがひらめいた例をあげたい。ある担当者が郵送で口座開設などをするメールオーダーサービスのアイデアを生み出した。もともとはこうだ。彼の営業担当地区にはたくさんのアパートとかマンションがある。取引の勧誘に行っても共稼ぎなのか、いつでも不在だ。

「（営業先のお宅が）不在ばかりで大変です」

彼は上司にいつもぐちをこぼした。

「不在のときはどうしてるの」と上司が訊いた。

「名刺を入れてます」と彼は答えた。上司は、「名刺だけでなく銀行の商品のパンフレットをそこに置いておくといいね」と言った。

そのとき、彼はひらめいたのだ。資料請求のハガキを送ってもらって、定期とか融資とか、必要な資料をこちらから送ればいいのではないか、と。

そして工夫をこらし現在のような金融商品のメールオーダーサービスを考えた。このサービスは好評で一年も経たないうちにいろいろな銀行が真似をして始めるようになった。

「不在ばかりで」という彼の日頃のぐちが、逆に売れ筋のメールオーダーサービスを始めるきっかけになったのだ。

株価連動定期預金という、投資信託の疑似商品みたいなものを考えた担当者もいる。彼は知り合いから「NTTの株を買ったけど大損しちゃった」という話を聞いて、「じゃあ、株と同じメリットを享受しながら定期預金のように元本が保証されるような商品はないか」という点に着眼した。そして株価に連動して金利が変動する定期預金を考案した。

この二つの例にしても、常に当事者意識で「考える」という行為がある。二四時間考えていたとしても着眼のいい悪いということはあるかもしれないが、とにかく考えることから始めようではないか。

上司の着眼点がよければ、部下も働きやすい。着眼点というと、ついつい新製品の開発みたいなことを考えがちだが、それだけではない。マネージメントでも重要なことだと知っておいていただきたい。

「裸の王様」は都合の悪い情報は聞かない

自分が上司だからといっていつでも正しい、よい情報が上がってくると思うのは傲慢以外の何ものでもない。情報は自分で求めねばならない。

上司が王様のように権力を持っている会社でも「王様、裸ですよ」と言ってくれるような人材を持っていることが大切だ。そういう人材を配置できる上司は着眼点のよい人と言えるだろう。そうしておけば、部下から自分にとって都合のいい意見ばかりが出てきても、「都合の悪い意見はどこかにないか」とバランスが取れる。

最終的にどっちの意見を取るかは自分で判断すればいい。自分にとって都合のいい意見を採用したほうがいいと思えば、それを採用したらいい。しかし都合の悪い意見に耳を傾けないで判断することが問題なのだ。

あなたが経営判断の交差点に立って右に行くべきか左に行くべきかそれとも引き返すべきか迷ったとしよう。結果として右に行ったら助かったのに、左に行ったら問題に巻き込まれた。だけど、左へ行けという情報だけをもらっていたら疑いもなく左へ行ってしまう。そのときに「ちょっと待てよ、右に行けという人はいないのかな」とふっと思う、これが大切だ。

そう助言をしてくれる人はもしかしたらあなたの妻かもしれない。「お父さん、そこは右へ行きなさいよ」と言う。「妻はどうして右に行けと言うのだろうか」と考えることができたら、正しい判断ができるのではないか。

普通、人間というものは、最初から自分の中に答えがあって、それに合う情報だけを選び出していくから間違いを起こしやすい。

また情報を足で求める例として、B社という二四時間営業の寿司屋があった。私が営業エリアを歩いていると、いつでもその店には客がすごく並んでいた。「流行《はや》っている店があるぞ、あそこの口座はないのか」と聞いたら、担当者は口座があるという。

「じゃあ一緒に行こう」と言ったら、「あんな小さな会社、取引もまとまらないから支店長がわざわざ行くことないですよ」と言う。

「そんなこと言わずに行こう」と担当者を同行させて、B社を訪問した。すると社長が、支店長がわざわざ訪ねてきてくれたというので、ものすごく喜んでくれた。

「二四時間寿司というのは大変面白いアイデアだから、そこに経営資源を集中するんだったら応援しましょう」という話をした。

「コンビニとかいろいろなことをやっていましたがそれらは縮小して、二四時間寿司のほうに経営資源を集中してやります」

と社長は快諾してくれた。するとあっという間に大きくなった。B社は今も流行っていて、支店の重要な取引先に成長している。

自分の営業エリアの街を歩いてきちんと自分の目で見る、こういう着眼点も大切だ。

生の情報がリスクをさらに減らす

会社は財務データだけを見ていては本当の価値はわからない。財務データに表現されない経営者の質、従業員のモラル、ブランド価値などの要素を見なければならない。最近はコンピュータで財務データを分析して会社の良し悪しを決めることが多いが、こうした財務データに表現されない要素を判断に組み込むことができるのが最高の上司だ。

お金を貸すことだけを最優先して、実際には貸しているお客さまの日常的な仕事ぶりを見ていない上司が多い。つまり、当事者意識が欠如しているのだ。

ある中小企業と取引を開始する際、普通の銀行員の場合、お客さまの財務データに関する書類だけを見てチェックする。そして、なかなかいい会社だからとか、商品が売れているから、ということで金を貸そうと考える。

ある銀行の担当者が新規の取引先を獲得した。その会社は財務データの分析では申し分ない。また彼は社長から「毎週金曜日にはこういう荷物がどんどん出ます」という話を聞いた。そこで金曜日に行ってみたら、実際に荷物を積んだトラックがいっぱいだった。「ほう、なかなか景気がいいじゃないか」と思う。だけど、彼はそこで止まってしまった。他の曜日の状況は調査しなかったのだ。実は、他の日は仕事もなくガラガラの状態だったのだ。借入を起こしてすぐ詐欺をしようという会社だったから、彼に、当社は毎週金曜日が荷物を出す日だ、と言って偽装工作をしていたのだ。彼は、言われるままに金曜日だけ見に行った。

しかし水曜日や木曜日に一度でも行ってみたら仕事をまともにしていないということがわかったはずだ。また、近所や同業者にその会社や社長の評判を聞けば「あそこはほとんどまともなことはやっていないよ」ということがわかったはずだ。

しかしそうした財務データ以外の要素を十分に確かめもせずに「荷物がよく出て、商売も順調だ」という報告を上げてしまったのだ。その結果、金を貸したらすぐ倒産して、貸した金も持ち逃げされてしまった。

つまらない失敗をしないためには、部下から上がってきた書類は自分の目で財務データ以外の要素を確かめてみることが必要だ。

たとえば、会社に訪問したとき「お客さまのトイレを見なさい」とか、「受付の事務員の対応を見なさい」などと言ったら、「受付にコンピュータしかなくて、人がいないことが多いんです」という物わかりの悪い部下がいる。

そういうことではない。財務データ以外のところに着眼して財務データからはうかがえない生の会社の情報を得ることができるような人間になれと言っているのだ。そうすれば、失敗が少なくなる。

「上司は部下を選べない」と覚悟する

優秀な部下ばかり集めて仕事をしたいなどと「ないものねだり」をしている上司は愚かな上司だ。そういう上司の下にいる部下は、優秀な上司の下で仕事をしたいと願っていることだろう。「勇将の下に弱卒なし」（勇気あるリーダーの下には弱い部下はいない）の諺を噛みしめるべきだ。

部下は自分で選べない。これは当然だ。出来の悪い部下が一歩でも半歩でも成長するように、という気持ちでいると、部下を育てるという上司の楽しみが出てくる。だが、出来の悪い部下がいたら、すぐ替えろとか、辞めさせろとかいう発想をするのは、着眼点の悪い上司だ。

着眼点のいい上司といえばこんな例があった。ある担当者がお客さまから、Aという会社が更生法を申請する、という話を聞いた。ところが、その担当者は全然勉強をしていなかったから、更生法という言葉は耳に残ったが、内容がわからない。たまたま上司と昼食を食べたときに「更生法って何ですか」と聞いた。

普通は「忙しいんだから後にしろ」とか言う。しかしそのとき、上司は彼の口から更生法という言葉が出てくることに、食べているものが喉に詰まるような異様な感じがしたという。

「えっ、なんだ、どういうことだ？」と訊き返した。

そこがチャンス、運命の別れ道であった。

「今日、お客さまのところでA社が更生法を申請するって言ってたんですけど、何かいいことがあるんですかね」

担当者は頭をかきながら言った。

「ちょっと待て」

と言って上司は昼食を途中でやめて、その担当者を引き連れて情報を提供してくれたお客さまのところへすぐに行き、その情報が事実かどうかを自分で確認した。

「実は自分のところはA社と小さな商売をやっているんだけど、A社の部長さんがこっそりと、お前のところは今までよくしてくれたけど、実はうちは更生法を申請して○月○日にはだめになる。他の会社はいいとしても、お前のところのような小さな会社が取りっぱぐれたら大変だから事前に払ってやる」

と言って売掛金を払ってくれたと社長が言った。

上司は、その話を聞いてこれは本当のことだと直感したのだ。

そして、さらにラッキーなことは、そこが着眼点が違うところだが、たまたまそのときA社の子会社向けに三〇〇〇万円の新規融資をする予定で別の担当者が書類を上げていた。

その上司は、普段なら、決裁を捺すのが速い。即断即決の上司だからポンと決裁を捺して、「融資を実行しろ。書類は後でじっくり読む」ということをよくやる人だった。

ところが、そのときは、担当者が新規の融資を実行できるとものすごく喜んでいたこと、早く決裁を捺してくれという顔をしていたことなどにその上司は少しひっかかりを覚えた。

そこでじっくり読んでから決裁を捺そうと思った。担当者にしたらとりあえず決裁を捺してください、という心境だっただろう。ところが、その日に限って大事なお客さまで長居する人が突然やってきて話し始めるなどなかなかその書類を読む時間がとれなかったのだ。

とうとう昼になってしまった。しかたがない、午後から書類を読もうということで昼食に行った。そこで更生法という話題になったわけだ。結局、三〇〇〇万円の融資は取りやめということになり、不良債権をつくらずにすんだ。これも着眼点になる。

部下の話を聞いて「おかしい」と疑問に思えるかどうか。これは部下を普段からよく見ていたからできたことだ。

「この部下からこの言葉が出てくるはずがない」ということに着眼することだ。そしてさらに自分でその情報源に当たったというのも素晴らしい着眼だ。また三〇〇〇万円の融資の焦げつきを未然に防止できたのも部下の普段とは違う様子に違和感を覚えたからだ。この着眼点を大事にしたからだ。

この部下は着眼の鋭い上司に仕えたおかげで融資が不良債権化するのを未然に防いだということで本部からほめられ、自信がつき「弱卒」転じて「勇卒」になったことは言うまでもない。

もうひとつ、こんなことがあった。外回りをするとき営業マンは自動車に乗る。銀行の場合、何キロ走ったという記録を書くことになっている。ある支店に成績を上げていた営業マンがいた。ところがその成績の割には自動車の走行距離が少ない。

なぜこんなに少ないんだ、おかしいと、ふと上司が疑問に思った。そこで調べてみたら、彼は車を駅までしか使っていなかったのだ。なぜか。朝、外回りに行ってきますと、自動車でＪＲの駅まで行き、そこに駐車し、競馬に出かけていたのだ。それもお客さまの金を横領して遊んでいたのだ。

部下の行動を気をつけて見ると、いつもと違う異例な動きが見えてくる。それを見逃さない。これも着眼点だ。ふっと心にひっかかったことを自ら問い直してみる。それで、大きな事故を防げたりする。着眼点ひとつが、運のいい上司、悪い上司の別れ道になるのだ。

逆に、思い込みがあってはいけない。前任の上司から優秀な部下だと聞いている、いいところのお坊ちゃんだ、東大を出ている、といった外形的な情報ばかりを見て、素のままの彼を見ないでいる。

するといざ不祥事が発覚してから「信じていたのに」なんてホゾをかむ、というようなことが多い。普段からあまり勝手に思い込まないで、素のままの部下を見たほうがいい。

第5章「人生の壁」を乗り越える

―「活かす」上司はどう魅力を磨くのか―

部下を「活かす上司」「殺す上司」——あなたはどっち？⑤

□ 数多くの人と名刺交換したが、今でも交流のある人はほとんどいない
□ 「局長」「部長」など、立派な肩書きの人とばかり飲んでいる
□ 社外の人と付き合うときは、本音では話さず、慎重に対応する
□ 自分より学歴の高い部下には何となく引け目を感じる
□ 出向先に恵まれなかったときは不満を溜めず、会社にとことんぶつける
□ 自分は良い上司だと思うし、部下を出世させることも容易い
□ 「人のため」、「会社のため」に働いている
□ 会社の現状や上司としての考え方などは、あえて部下に明示する必要はない

1 上司としての財産とは何か

欲得抜きの人間力で勝負する

サラリーマンを何十年も続けると、自分の財産とは何かという問題を考えざるをえなくなる。だが、自分にとってかけがえのない財産とは何かという問題を考えることは、部下を持つ上司として当然のことだろう。

池田成彬《いけだせいひん》という人物がいた。三井財閥の大番頭で戦前に日銀総裁や大蔵大臣を務めた財界の大立者だ。

彼は金銭での財産をほとんど持っていなかった。それを心配した人が彼に財産を蓄えるように勧めたとき、彼は「あなたと違って人に投資をしている」と言った。給与の大半を人とのつきあいに投資していたのである。人脈という財産をたっぷりと蓄えていたのだ。「貯金」ではなく**「貯人」**である。そのおかげで彼は戦前の困難な時代において重要な役割を果たすことができた。このエピソードはサラリーマンにとって大事な財産とは何かということを教えてくれるものだ。

自分にとっての財産とは何か。それは池田成彬と同じくつきつめれば、人とのつきあい、本当の意味での人脈にある。

では、人とのつきあいや人脈作りはどうすればいいのか。

結局は、〝人間力〟ではないか。

会社を辞める。転職にしろ、定年にしろ、誰にも必ずくるものだ。そしてそれは、長年、その会社で築いてきた人間関係をあらためて見直す、即ち棚卸しすることを意味する。会社の中での自分の立場というものがあった。会社という看板を背負っていた。その会社を辞めて、いってみれば裸になる。

すると、それまで「会社の顔」だけでつきあっていた相手は去って、疎遠になってしまう。職場の仲間であっても同じことだ。自分が「こいつは」と思って目をかけていた部下が、相手は自分のことをあくまでも組織の中の一員としてしか、つきあってくれていなかったという事実に直面する。会社を離れて人事上の影響力も行使できなくなったら自分のもとから去ってしまう。非常に悲しいことであるが、当然のことだ。

ある知り合いが世間的に有名で頑張っているときには、たくさんの人が彼と親しくなりたがった。ところが、ちょっとしたトラブルが起きて、彼が世間から叩かれ始めると、みんな去っていった。その様子を見てその思いを強くしたことがある。

もちろん逆の場合もある。欲得抜きで、その人の「人間力」に惹《ひ》かれてつきあいが続くこともある。これは会社にいるときは意外とわからない。あなたが会社を辞め、人間関係を棚卸ししてみたらよくわかる。

人とつきあうとき何を基準につきあっていくべきか。

私の場合、「一宿一飯の恩義」を基本においている。この言い方は、まるで仁俠道のようだが、一度でも世話になったり、好きになったりした相手にはいつまでも感謝を忘れないということだ。たとえその相手との仲が疎遠になろうとも、多少の感情的な行き違いが起きても悪口などは絶対に言わない。それは自ら天に唾《つば》する行為でもあるからだ。

最終的には背負っている肩書や社会的地位ではなくて、自分の「人間力」でつきあいたい。そのことは人との関係において最低限、心がけるべきだ。

では、「人間力」とは、具体的にどんなものを指すのだろうか。

たとえば、「あの人は責任の取り方がはっきりしている」と評価をされる人がいる。あるいは相手が落ちぶれようと、栄華を極めていようと、どんなときでも接する態度が変わらない人がいる。こういう姿勢、人とのつきあいかたを心がけている上司にはおのずと「人間力」がついてくるものだ。

「人間力」のある人には欲得がない。またつきあい方に上も下もない。ただ、淡々とした人と人とのつきあいがあるのみだ。そういうつきあいはぶれない。変化しない。

いわゆる淡きこと水の如《ごと》しである。それを組織とか会社とか、目先の欲得でつきあうから、本当のつきあいが何かわからなくなって悩むことになるのだ。

本音でない相手は人脈にはならない

上司の財産は人脈である。これは他人に自慢するものでも、自分をことさら大きく見せようとするものでもない。そしてもちろん功利的に活用するためのものでもない。しかしいざというときに強力な支えとなる。伝家の宝刀というべきもの、それが人脈である。

では財産になるような人脈はどうつくればいいのか。本当の人脈は、会社という既成の枠組みを超えた出会いの中にある。お互いに真剣にすなわち本音でつきあえるかどうかにかかってくる。しかし、会社の人脈というのは、どうしても仕事でつながっている。だから中途半端なものになってしまう。お互い利用価値を計算してのつきあいになりがちだからだ。

再度、強調する。つきあいに必要なのは、本音だ。本音でぶつかることができるかどうかだ。

パーティに出て、ぺこぺこと頭を下げ、名刺の交換を競っている人がいる。自宅へ名刺の束を持ち帰り、ホルダーに収納すれば、これで完了。満足そうにホルダーのページをくっている。

ここからが勝負だ。最高の上司と愚かな上司の分かれ目だ。数多く名刺交換した人の中で印象の残っている人に手紙を書く。そして会いにいく。理由や目的は自分で考えればいい。会ってパーティで話し足りなかったところを補うのだ。こうして本音で相手とぶつかる機会をつくり、人脈形成につなげていく。

住専国会のときだ。銀行の役員が国会に呼ばれることになった。各党の議員から質問を受ける。テレビでも中継される。そこでトップが「社会党からの質問に関する情報を取れないか」と言ってきた。自民党になら企画部員も少しルートがある。しかし銀行とは政策的に合わない社会党にはルートはない。誰も手を挙げない。質問情報が事前に取れなければ、国会の場で銀行の役員が立往生してしまうかもしれない。

トップは悩んでいた。「じゃあ、私がやりましょう」と引き受けた。勝算があったわけではない。パーティでもらった社会党の広報責任者の名刺だけが頼りだった。

三宅坂にあった社会党本部に飛び込んでいった。向こうがまず驚いた。「銀行を徹底的にやっつけてやろう」と思っている社会党の党本部に、問題を起こしている当の本人である銀行の行員が、徒手空拳で飛び込んできたからだ。広報責任者にしてみたらよくもぬけぬけと飛び込んできたな、という感じだったのではないだろうか。

私は彼に必死で銀行の立場や今回の問題の背景を訴えた。彼は逆にそんな突拍子のなさを面白いと思ってくれたのか、党の政策立案の責任者を紹介してくれた。そこでは逆に自ら飛び込んできた敵方の私を政策立案責任者たちは質問攻めにした。私はそれらに丁寧に答えた。それは彼らと一緒に国会質問を作っているのと同じだった。まさに「虎穴《こけつ》に入らずんば虎児を得ず」だった。もちろん無事国会質問を乗り切ることができた。

徒手空拳で、自分という〝人間〟だけで飛び込んでいったからこそ、情報が取れたのだ。その後、社会党は分裂したが、今も彼らとはつきあっている。

ある警察庁のトップエリートと本音でつきあいができるようになったのも、全国の支店で不良債権の処理を進めるのに、警察の協力が必要だということがきっかけだった。不良債権に巣喰う暴力団などを排除する仕事を担当していたときのことだ。当時、警察庁で暴力団等の取締りの責任者だった彼のところに直接飛び込み、協力してほしいとお願いをした。

「当行の不良債権の実態とか、世間でいう闇勢力のような組織や人間たちとのつきあいなどをすべてオープンにし、処理の過程などもこれからは毎月きちっと報告にまいります」

と私は彼に約束した。

なぜ、そういうふうにしたか。それは警察に頼む以上、こちらが隠し事をしているようでは絶対に真剣になってもらえないこと、次に自分自身と組織に対する戒めでもあった。長きにわたって不正なことを決して隠蔽しない組織にするためにはむしろ警察庁の権威を借りるほうがいいと判断したのだ。

そこで銀行の役員が不良債権の処理過程を彼を含む警察庁の幹部に報告に行くことを義務づけた。「あなたのときには毎月きちっと来たのに、あなたが変わったら来なくなった」とか、「役員は、一度も来ない」ということになるといけない。義務づければ私が担当を離れた後も、変わらずに正しい道を歩んでくれるという確証にもなる。警察庁の幹部は、こんな内容をよく隠さず報告に来ると驚いた。実際のところその場で逮捕してやろうかと思うような危ない情報がたくさん含まれていたからだ。

警察に対してそんなに正直に全部言ったら大変だと銀行の役員たちから止められた。だが相当な覚悟でやらないと協力をしてもらえないと腹を括ったのだ。

こういう問題は、当然他の銀行にも波及する。警察庁は、他の銀行の不祥事や不良債権の実態がよくわかったと喜んでくれた。彼らの側にも十分なメリットがあったのだ。

「数年後の着地点から考えて仕事をしなければいけない」。このように考えたからこそ彼らにすべての情報を提供した。とりあえずの問題を解決することが目的ではない。このような暴力団などに巣喰われる組織に二度としないことが重要なのだ。

たとえ私がこの仕事から外れるとしても、組織がもう二度と曲がった道に行かないためにはどうしたらいいかを考える。そのための最善の方法を選択しなければならない。

私のほうからお願いして人間関係をつくってもらうのに、隠し立てをしてつきあうわけにはいかない。そのおかげでそのときの警察庁の人たちとはいまだに個人的につきあっている。そういうリスクをいとわない人間関係のつくり方のほうがいい。お互い人間だから、それほど相手は悪《ワル》ではないという気構えでいけば、何とかなるものだ。

これは余談だが、警察庁と密接な組織的、人間的関係を築いたことで、暴力団等も私たちに対して危害を加えることができなかったに違いない。なぜなら原因がすぐ特定されてしまうだろうし、警察庁と深い信頼関係にある組織や人間を襲うことは非常に愚かな行為だからだ。リスク管理の点からも包み隠さず正面からのつきあいを築く方法は有効だ。

長いつきあいは出会いで決まる

人とのつきあいは最初の出会いで決まるといっても過言ではない。まさに一期一会の縁だ。

そのため上司は、人との出会いに命懸けで臨まねばならない。

一度でも世話になった人、一度でもいい人だと、お互いの心の深いところでふれ合うことができた人、そのような人たちとは、何年経っても気持ちの上で疎遠になることはない。

お互いの置かれている状況にどんな変化があっても、変わることないつきあいを保ち、一切、相手の悪口を言ったりはしないことだ。

仮に一〇年もの間、会わなかったとしても、いつでも新鮮な感じで会える、素のままの自分を認めてもらうことができる、このような間柄の人とは長いつきあいになっていく。

ある政財界に人脈のある人がいて、その人が何と恐喝で捕まってしまった。本人は「冤罪《えんざい》だ。俺を捕まえたこと自体、不当だ」と言っていたが、多くの人が彼のもとから離れていった。私は、それでも別に気にすることもなく、そのままつきあっていた。

そして罪を償い、事件の余韻も消えた後、彼がしみじみと「恐喝事件の後も普通につきあってくれたのはお前だけだ」と話してくれた。

今でも彼とつきあっている。一緒に飲み食いすることはごくたまにしかないが、電話でプライベートな話とか、今こんなことを考えているんだけど、どうだろうとか相談を受けたりする。逆に私からも電話をかけたりする。彼がいうには、企業の広報は、彼が恐喝で捕まったと新聞に出た途端に、電話をしても、誰も出てくれなくなったのだそうだ。彼にお追従を言っていた人間などは特に知らんふりだ。

自分でこれはと思った人物には、どんなことがあろうともきちんとつきあっていく覚悟が必要だ。

会社から自分を基盤としたつきあいに変える

会社員としてのつきあいは、どうしても会社を基盤にしたものになる。これは仕方がない。しかし、最高の上司なら、それを一歩進めて、自分を基盤にしたつきあいに変えることができるはずだ。

会社に勤めていれば、勉強会とか、業界の集まりのゴルフとか、飲み会とか、いろいろな形のつきあいがある。会社の顔で出席し、会社の経費を使う、そういうつきあいをしている。一瞬のうちに相手の会社と自分の会社の距離感のようなものを推し量っているつきあいだ。

それはそれで名刺の数は増える。だが、その名刺の中で、何かあったときに〝使える〟名刺はあるのか、そしてそれをどう〝使う〟のか。

たとえば会社関係でつきあいのある人からあなたが、再就職先の相談を受けたりとかしたときに、「面倒くさいなぁ」と思ったら、もうそこで本当の人間関係は結べない。

そういうときこそ親身になって相談に乗り、動く。それが長いつきあいになる。その際「ああしてやった、こうしてやった、やったやったで地獄行き」という言葉があるが、親切にしてやったのに見返りがないなどと言ってはならない。また世話してやったのに相手の感謝が少ないなどと不満を洩《も》らすべきではない。人間関係はそのようなものではない。

相手が自分のふところに飛び込んできたときに、まず何を考えるか。

何かに利用してやろうとかではなくまず欲得抜きで素のままで動く。このことが肝心だ。それが長い財産になるつきあいの始まりになる。パーティで会って名刺を交換すれば、今度は担当を離れましたとか、別の部署で仕事をしています、という報告が「面倒になる」と思うことが多い。

財産を増やすスタートになると思えば「面倒」などとは言っていられない。その名刺の束を眺め、上司ならどの人と長いつきあいになるかと想像を廻《めぐ》らす。そしてパーティでの印象などを思い浮かべながら、手紙やメールで再度の接触を試みるべきだ。そのときが本当の勝負だ。素のままの自分を認めあえるつきあいの人かを見極めねばならない。こうして人脈をつくれば大きな財産になる。これは焦らずに行うほうがいい。

人脈は広げるより深くする

豊かで清澄な水は深い井戸から湧き出てくるものだ。人脈も同じだ。ただ広いだけでは砂漠のようなものだ。その砂漠を緑にするためにも深く井戸を掘らねばならない。

人は、どうしても立場のある人とつきあいたがる。肩書が高い人ほどそうだ。会社の役員は、役所でいえば局長クラスの人とは当然、喜んでつきあう。だが、むしろ現場で実際に汗を流している人ときちんとつきあえるかどうか、その点が重要だ。

そのスタンスが人脈を広げる大切な要素だ。たとえば、局長と現場の監督官のような立場の人と二人がいたとする。役員は、どうしても局長しか目に入らない。本当は、現場の監督官を大事にすると、いい関係ができるのにそのことに思いが至らないのだ。

部長になると会社の金を使って酒を飲むことができる。だけど、何のために飲んでいるかといったら結局、自分のために飲んでいる。あなたが広報部の部長だったとする。往々にして局長とか部長とか編集長など肩書のついた人とばかり飲みたがるのではないか。しかし、それはその**相手の魅力で飲んでいるのではなく、肩書で飲んでいるのだ。**

これでは、まったく人脈にならない。そういった肩書のついた人と静かな料亭のようなところで会ったりするから、どことなくうさん臭く暗い感じのつきあいになってしまうのだ。もしあなたが本気で情報を得たいと思ったら、現場の記者たちと安い居酒屋でまわりもわぁわぁ言っているところで飲むほうがいい。何も高級料亭などに行く必要はない。三〇〇〇円から五〇〇〇円くらいでおいしい料理を食わせる居酒屋を探せばいい。

そういう場所で飲むと結構、みんな忌憚《きたん》なく話してくれるものだ。仲間で飲んでいる雰囲気になって、ぐっと親密度も増す。結果的には、本当の意味での人脈になるのだ。人間関係的にも、情報の中身という点でも、本当にいいつきあいができる。結果論だが長い目で見れば、若い記者を大事にするほうがいい。将来は彼らが偉くなっていくからだ。

トップの中には、局長とか部長が来ると丁寧に、エレベーターまで迎えに行くぐらいのことをする人がいる。しかしそういうトップに限って若い記者が来ると、「俺は若い記者を相手にするような小者か」と不満に思い、ぞんざいな扱いをしがちだ。

「質問の内容も金融業界のことをわかってないし、あんまり勉強してないな」

相手は銀行員でもなければ金融マンでもない。取材先から話を聞いて、その記事を書こうとしている人間だから、金融のことをそれほど深く勉強しているはずがない。

全然立場が違う。それをあいつは全然勉強していないと批判する。企業のトップになるような人物は本来だったら、記者に業界のことをよく理解してもらえるように、わかりやすく教えるぐらいでなければいけない。たいていの記者は偉くなったときに、あの企業の社長に、業界のことを詳しく教えてもらったと感謝を述べるものだ。「彼らは数年で記者クラブのキャップになるなど、すぐに偉くなります。若い記者に謙虚に気持ちよく応対するのがトップの役割だと思います」とあなたはトップに注意しなくてはならない。

目の前にいるのが若い記者であっても、人間同士のつきあいという気持ちで応対すれば、人脈が広がり、かつ深くなっていくはずだ。それに、そのように接した記者は、どれほど時間が経とうとも、あなたに何かあったらすぐに援助するために飛んできてくれる。

人脈というと、利用する、利用されるみたいに考えがちだが、相手の肩書、自分の肩書を消し、お互いが素の人間としてつきあえるかどうかが本当に活きる人脈になるかどうかのポイントなのだ。ここでは記者とのつきあいを例にしたが、どういう相手に対しても同じことだ。

好きか嫌いかで判断しない

人脈づくりのポイントとしては、好き嫌いがある。人とつきあうときに肌が合う、合わないでつきあうほうがいいかどうか。

やはり分け隔てなくつきあうべきだ。肌の合うか合わないかでつきあう相手を決めつけていると、自分の教養などの幅にも関係することになるが、人脈に広がりが出なくなってしまう懸念がある。最初はたとえ仕事絡みだとしても、相手がいろいろな人脈を持っていて、その先々に紹介されるということもある。紹介される相手には肌の合わない人も現れるだろう。そういう場合でも紹介してほしくないとは言えない。

そうはいうもののおのずと限度はある。こっちを利用してやろうみたいなところばかりが見えたりする、そういうつきあいだけにはならないようにしたい。分け隔てなくとはいっても、そういう人はいつの間にか離れていくものだ。

パーティ、パーティとはしごして、名刺をいっぱい山のようにもらっても、それはあまり人脈づくりには関係ない。その中から何人の人と深いつきあいができるかが重要だ。もちろん、名刺を集めることは無駄ではない。こういうことを勉強したいとか、仕事でつながりたいと思ったときに、名刺の中に「玉」が隠れていることがあるからだ。

肝心なのは、その後の相手への飛び込み方次第だ。見栄を張ったり、自分は偉いのにもかかわらず、お前のところへわざわざ来てやったんだぞ、みたいな態度を見せてはいけない。相手に警戒させたり「何しに来たのか」と思われる結果になってしまう。そんな態度ではいい人間関係はできない。肩書を外して相手のところに行く、まずはそれを心がけたほうがいい。

私はサラリーマンを途中で辞めたが、その後、現在に至る仕事などの中で、サラリーマン時代に培った人脈にどれほど援《たす》けられたことか。それも援けてくれた人脈は、私の肩書ではなくつきあってくれたものばかりだ。サラリーマンはいずれ終わりが来る。そのときのためにも本当の人脈という財産を築く努力を惜しんではならない。

「貯人」こそ本当の財産だ。

2　魅力を磨くための教養とは

人に対して劣等感も優越感も持たない

　上司として器のある人はどんな教養を必要とするのか。立派な大学を卒業し、留学もし、出世もしている。こんな素晴らしいことはないが、会っていて魅力のない上司も多い。何となく薄っぺらな、軽薄な印象を持ってしまうのだ。

　それはなぜか？　それは彼に教養がないからだ。教養とは学歴や知識ではない。その人の血肉となっており、その人が自分で考え、判断する際の基盤となっているものだ。ガイドブック並みにワインの知識を持っているのが教養ではない。自分で考え、判断する力もないのに、あるいは自分の言葉で相手を説得する力もないのに、知識ばかりを蓄えても仕方がない。かえって人間の空虚さが目立つことになるだけだ。

　トップが会合で話をすることになったとする。その原稿をあなたが書くことはよくあることだ。「ウイットに富んだ話をしたいからちょっと考えてくれ」と、ウイットのウの字も知らないようなトップに頼まれてしまう。

そのようなときあなたはどう対処すべきか。まずどういう集まりなのかを聞く。財界人の集まりだったら、どのような会社の方が来られるのかを必ず聞いておく。そして、トップ自身の何か思い出す仕事上でのエピソードがありますか、などと取材をする。この取材結果に基づき、スピーチ原稿を書くわけだが、その中にはまるでワサビのようにひとつだけでもインテリめいた教養のある言葉が必要になってくる。たとえば孔子など先哲にからめて論語などから言葉を引用して書くわけだ。それをあなたが書いているということは、つまりトップに教養がないという証なのだ。

スピーチを書き終わって、あなたはがっかりするだろう。どうしてトップは自分の言葉で話す力を持っていないのかと。それはトップが本物の教養を持っていないからなのだが、がっかりしないでトップに取材するときに経営に対する考え方などの本音を深く訊くといい。

彼の考え方に影響を与えたのは誰か。何も聖人でなくてもいい。父母の言葉でもいいのだ。そうした影響から経営への考えが形成されていることを知れば、あなたはトップのことを見直すだろう。それが本物の教養だからだ。

しかし、どこまで突っ込んで訊いても借り物の教養しかないことがわかれば、その会社を辞めたほうがいいかもしれない。そんなトップの下では必ず経営が傾くだろうから。

当然のことだが、トップに一番必要なのは教養ではない。むしろ、教養がないとか余計な劣等感を持たないことだ。たとえば、高校とか中学しか出ていないで、腕一本で「成り上がった」とする。そうであったら「成り上がりました」と堂々と言えばいい。役員が東大出身者ばかりになったときに、自分が東大を出ていないということに劣等感から卑屈になったりする人がいる。

もちろん、自分で勉強して教養があるに越したことはない。しかし教養があることは、学歴があることと同義ではない。そういう意味でそうした俗なものから超然とした態度でいることがトップに求められることではないか。

会社には高卒の上司もいる。たとえば彼の部下が、東大とか私学の雄などと言われるような大学の出身者ばかりになったら、それだけでノイローゼになったりする。

学歴はないが現場の長として学ぶべきことが多い上司がいた。しかし、彼は自分の長所より短所に目がいってしまった。その結果、彼は「高学歴の部下を使いこなせない」と自信をなくしてしまった。逆に上司になったら、劣等感の裏返しで、東大卒というだけで部下をいじめる上司がいる。とにかく劣等感で妙に屈折した人とはつきあいづらい。そういう表面的なことは関係ない強さを上司は持つべきだ。

劣等感の裏返しは優越感だが、極端な優越感も必要ではない。

基本的には自分が歩んできた道に対して、上司になった以上は自信を持つべきだ。自分のこういう面を部下に見てもらいたいと思えばいい。そういう自信のある考え方が本当の、教養につながる。

たとえば米国にエリック・ホッファーという人がいた。奇跡的に回復はしたが七歳で一時失明するなど、体も悪いし、成人する前に自分は死ぬのだと、学校にも行かなかった。貧乏な暮らしの中で、独学し、ある意味ではアメリカで唯一の哲学者になった。

彼は生活で生じるさまざまな思いを基本にして知識を身につけていった。自分で考える力を持っていたからこそ、その知識は本物の教養となり、哲学者すなわち、最高の教養人になったのだ。

教養というのは、優越感とか、劣等感を伴わないほうがいい。教養が知識と同じ意味で使われるからそうなってしまう。素の人間が持っている力、「自信を持って生きてきた」というような生き方そのものが上司としては必要ではないか。

教養はないよりはあったほうがいい

そもそも教養というのは何を指すのか。昔の人だったら、論語だったら論語で、いわゆる古典の知識が教養であったりする。だが、それこそ一見すると無駄な知識に思われる流行歌を知っていることも、教養といえば教養なのかもしれない。

教養は、ないよりはあったほうがいい。ただ難しいことを知っているのがイコール教養があることを意味しない。映画も好きだし、オペラにも行くし、演劇も好きだ、などと言ってみても、カタカナの映画俳優や監督の名前なんて全然覚えられない。

結局、ベラベラと知識を語るからといって、教養があるということにはつながらない。要するに教養とは単なる知識ではなく、言わば文化であり、その人の人生そのものと言えるだろう。だから本物の教養を身につけた人は、その時代のその社会の文化そのものを身にまとい、人生を歩んでいるのだ。これは何も社会的地位の高い人を指すのではない。普通に暮らす庶民の中にもそうした人はいる。

それと同じで、趣味も多趣味のほうがいいと一概には言えない。考え方の問題だ。仕事が趣味だと自信を持って言えれば、二四時間仕事をしていても全然問題ではない。

サラリーマンは五〇歳も過ぎると第二の人生の準備をしなくてはならない。第二の人生が再び仕事オンリーであればいいが、そうではなく時間的ゆとりが出てきたとしたら、どうするのか？　いったい何をしたらいいのだろうか！　私は、妻に「何もしていないと濡《ぬ》れ落ち葉になるわよ」と言われて、カルチャーセンターに行くことにした。それが高じて作家になってしまった。妻の友だちの話を聞くと、定年後、夫が何もしないで家にいるというのは結構辛いものがあるらしい。だがそれは何も教養や趣味が有る無しの問題ではない。

会社を辞めたらすぱっと生活を切り替える。家の掃除をするとか、散歩をするとか、なんでもいい。無理にそば打ち職人になる必要はない。子どものとき、そば打ち職人になりたかったから、というのであれば別だが。私の知り合いの夫にそば打ち好きがいて、いつか蓼科《たてしな》に家を買ってそば打ちの店をつくろうという目的のために働いている人もいるが、それは珍しいケースだ。

最高の上司は、あえて付け焼刃的に知識を得たり、趣味を習ったりはしない。そのようなことをしても教養にはならないからだ。私は若い頃、井伏鱒二氏から「古典を読め」と教えられた。まずそうした古典（どんなものでも構わないと思う）を読むところから始めよう。なぜ古典がいいのかというと人間の素の姿がそこに表れているからだ。古典の知識はやがてあなたの血肉となり、あなたを最高の上司に近づけるだろう。

素直な耳から教養は身につく

「聞くは一時の恥、聞かぬは一生の恥」という諺がある。あるいは誉め言葉として「聞き上手」ということをいう。要するに「聞く」ということは、とても重要で上司として教養を身につけるには素直な耳が必要だ。

『論語』に「六十にして耳順《したが》う」という言葉がある。六〇歳にならなくても耳順うほうがいい。自分以外は皆、師という覚悟で臨む。部下にも教えを請うぐらいの気持ちのほうが、教養の幅は広がるはずだ。

ある上司で尊敬に値する知識人がいた。彼は、リュックサックを背負って銀行にやってきて、仕事が終わると近くの本屋に行く。リュックサックいっぱいに本を買い込んで帰る。そんな一風変わった上司だった。

この上司と話をするのは楽しかった。仕事以外のいろいろな話を聞くことができたからだ。彼は教養のある上司だった。知識が非常に深かったのだ。彼はむしろ希有《けう》な存在で、たとえ会社のトップになったからといって知識が深く教養があるかというとそうでもない。

彼の場合、膨大な読書から得られた知識が教養になっていたわけだが、上司になるために必要な教養に何かあるかというと、実は特別何もないと思う。将棋とか釣りの知識が必要とか、オペラ、歌舞伎の知識が必要とかいうことはない。

逆に言えば、余分なものを身にまといすぎてかえって素直に見聞きできなくなるということとのほうが多いのではないだろうか。

たとえばあなたが人を正しく見なければならないときに、教養という名の知識量からくる妙な優越感や劣等感がいかに目を曇らせるかということだ。だから、トップとはいわず、中間管理職であっても、それまで自分が歩んできた道に自信を持っているのが一番ではないだろうか。

私の父は、田舎で商売をしている。私が銀行に入るときに、こう諭してくれた。

「銀行員というのは一生頭を下げて暮らす仕事だぞ」

第一勧銀は大きな銀行だし、一生頭を下げて暮らすとはどういうことだろうと不思議な気持ちで聞いた。彼はこうつけ加えた。

「自分も商売をしているから銀行と取引をしている。銀行員が、多少言葉が荒かったりしても、預金をするときには気持ちよく銀行に行く。だから、何か言われても腹もあまり立たない。

だが、お金を借りに行くときにはたとえ担保が入れてあったとしても、あるいは預金があったとしても、銀行員の態度が、なんとなく生意気に見えるものだ。ましてや、本当に生意気な態度をされたら間違いなく腹が立つ。定期預金があれば、解約してそれを使う、といえば済む話だが、お金を借りに行くのはすごく気持ちが萎《な》えて、気弱な思いで行くものだからだ。

銀行は何が仕事かといったら、お金を借りてくださる人がいて、そこから利息を得ているというのが基本だ。だからこそお金を借りていただくお客さまに頭を下げるような気持ちで応対することじゃなければいけない」

その言葉を銀行員時代にいつも心に留めておいた。

「お前はもともと頭《ず》の高い人間だから、おじぎの仕方を教えてやる。いいか、下に五円玉が落ちていると思って頭を下げなさい。頭を下げるだけで五円玉が拾えるのであれば深く頭を下げられるだろう。こうすれば嫌な人でも、どんな人にでもちゃんとおじぎができる」

功利主義的な教えとも聞こえるが、非常に勉強になった。銀行に入ってからも「借りる人の気持ちになって仕事をしなさい、五円玉が落ちていると思っておじぎをしなさい」、これを忘れたことはなかった。

この教えは、間違いがなかった。銀行で二六年間、どんな立場になっても、最初に思い浮かんだのはその言葉だし、その通りにやると、お客さまからいい反応が返ってきた。

本部の中で、次長、副部長などのポストで働いたとき、本部に来るお客さまや他の部の人間に対してでも、同じような気持ちで応対することにした。すると相手も自然と、そういう気持ちになってくれるものだ。

父の教えは「教養」と呼べる類《たぐい》ではないかもしれないが、本当に役に立った。このように上司として、自分なりに人生に対する自信から来る、部下に教えられるものがひとつでもあれば、それは広い意味での教養に入るのではないかと思う。

誰に対しても構えないスタンスでいる

上司として物事に対して構えないことも大事だ。素のままでいる。何か目的があったら、自分からいろいろなところに飛び込んでいく。そうすると向こうも受け入れてしまったりする。そういうものだ。

ソフトバンクの孫正義氏が、アメリカから帰ってきて、自分のアイデアを持って銀行に、「私に一〇億円貸してくれ」と飛び込んだ。そのときたまたま出会った支店長が立派で、彼に一〇億円を融資した。それで創業したというのは有名な話だ。これはお客さまと支店長との話だが、上司として部下と接する場合でも、部下として上司と接する、どちらにしてもあまり構えないのがいい。

最高の上司ということで考えてもそうだ。構えている上司は、自分の外形的な条件はこうなのだという思い込みがある。たとえば、東大法学部を出て留学をして、自分はいつもエリートでなければいけないと構えている上司がいるとする。しかし仕事はそんなにうまくいかない。部長にまでなったし、人も悪くないが、接待のときなんか、すごく構えてしまっている。

自分では自然体なのかもしれない。しかし構えているから、話が自分の留学したときの自慢話ばかりになってしまう。留学先でこんな勉強をしたとか、アメリカ人はこうだったとか、アメリカのガソリンスタンドでガソリンを入れていたら突然銃が乱射されて大変だった、などと必ず同じ話をする。

それから、ホテルのレストランでワインのテイスティングを頼まれると、必ず文句をつけるという上司もいた。何の意味があるのか、こっちは毎回ひやひやして気分が悪くなってしまう。それも自分を大きく見せたいのかどうかはわからない。しかし見栄っ張りのような、構えてばかりいる人に見えてしまう。

ある元銀行の幹部だった人から聞いた話だ。いい会社ですよと銀行から言われて出向した。ところが行ってみたらぼろぼろの会社だった。「だまされた！」と一瞬思ったが、ここで尻っ尾を巻いて戻るのも大人げないと思い、しょうがない、ここで頑張ってみるか、と気持ちを切り替えた。その会社は鉄の関係の仕事をしていて、溶鉱炉に石炭を入れる作業が誰もやりたがらない一番きつい作業だったそうだ。彼は背広を脱いで従業員と一緒に溶鉱炉に石炭を投げ入れ始めた。火の粉がとんできて髪の毛はちりちりと燃え出す。熱い。汗が滝のように流れる。

まさか?! と従業員は彼の姿を見て思った。銀行の幹部だった人が、会社の財務とか経理の人もやらないのに、自分たちと一緒に汗をかいている。しばらくすると、従業員の目の色が変わり始め、なんと会社が再建できたのだ。

その後は、その会社を再建したという功績が認められトントン拍子で別の会社の重役になった。彼が、「なんでこんな会社に俺を送り込んだんだ」と斜に構え、つまらないプライドを持ったまま銀行に文句を言っていたらどうなっただろうか。

「じゃあ、別のところへ」ということになっていたかもしれない。ただ、あのとき「尻っ尾を巻くのも嫌だ」と考えて、誰もが一番嫌う仕事をあえてやった。

それは便所掃除でも何でもよかったのだ。会社を再建しようと覚悟を決めたときに、一番やりたがらない仕事を自らやった。彼が最初から予想していたのか、予想外だったのかわからないが、とにかく彼のみごとな変身を見て従業員も変わったのだ。もちろん、会社再建はそれだけではない。しかし、彼の人生が好転した根本は自らが気持ちを切り替えたところにある。

別の上司の話もある。彼も銀行からある会社に出向した。上とそりが合わず支店長にもならず、五〇歳になる前に出向させられた。これはかなり異例のことだった。ひどい会社に行かされて強烈に腹が立った。しかし、心機一転、この会社に骨を埋めると覚悟して仕事をし始めたら、あれよあれよという間にいわゆる一流企業になり、自分も専務になった。

そんなある日、彼が山手線に乗っていたら、目の前にくたびれた男が座っている。見覚えがあるなと思ったら、かつての銀行の同僚だった。「どうしてるの」と声をかけたら「お前の会社で保険に入ってくれないかなあ」と寂しそうに言った。

その仲間の男は銀行で支店長にはなったが、系列の保険会社に出向させられて保険のセールスをやらされている。だが彼の場合、銀行で支店長まで経験したというつまらないプライドが邪魔してなかなかお客さまに頭を下げられない。今日も取引先に行くことができず、山手線に乗ったままぐるぐると周回していたのだ。

そのときは後日、会社に来るように約束して別れたのだが、彼はあらためて自分のことを考えてみたという。

「あのとき五〇歳前に支店長になるような人生もあったかもしれない。まさか外に出されるとは思わなかった。上と喧嘩したからだったけれども、気持ちを切り替えて頑張ってよかった」

結局、どういうところへ行こうとも妙に構えたりしているとだめだ。

常務や専務などの役員になって他の会社に移っても、結局相手の会社とうまくいかずに元の会社に戻ってくる人がいる。最終的には会社で拾ってもらえるからいいと甘えているかもしれないが、関係会社の副社長で戻ってきたとしても、立場は偉いが、結局、お荷物にすぎない。どうしてそうなるか？　それは自分は偉かったなどと構えたまま仕事をしているからだ。

構える、構えないというのは難しくて、たしかに最初から構えないタイプも、その逆もあるだろう。しかし修練とか教養を積むことによって構えなくなる人もいるから何とかしようがある。構えない上司のほうが部下もついてくるのではないか。

「郷に入れば郷に従え」の諺通り、自らのマインドセットを切り替え、過去の栄光を振り返らない姿勢が最高の上司には求められるのだ。これは、第二の人生で他の会社に移るときばかりではなく、会社内で部署を移るときも同じことが言えるだろう。

3　仕事の充実を味わうために

充実した仕事をやった人は謙虚になる

充実した仕事をやった経験のある上司は総じて謙虚になる。それは仕事の難しさ、チームワークの重要性、仲間の協力への感謝等をその仕事の過程で学んでいるからだ。そして何よりも部下の話が素直に聞けるようになるものだ。

たとえば、すごいプロジェクトを成し遂げた上司がいたとする。その彼が、こぢんまりしたプロジェクトを努力してやっている部下に「よーし、お前がそんなに一所懸命やっているのなら、俺も一所懸命やるかな」と励ましてくれたりする。

それまでは雲の上の人だと思っていた上司が、「この人は私のやる気に刺激を受けて本気でやるぞと言ってくれた」と思うと部下はうれしいものだ。相手の存在が大きければ大きいほど、言われた部下の仕事に取り組む充実度は増すはずだ。

「彼は充実した仕事をしてきた上司だ」

という噂が周りに伝わっていると、上司も部下に対して変に構えず素直になれる。もちろん反対に、部下も上司の言うことを素直に聞くことができる。

逆に要領ばかりで出世してきたような上司の話は、組織の中ですぐに伝わる。

「どうして○○さんが会社を辞めて、あの人が残っているんですか」

という言われ方をする上司もいる。

部下の仕事を全部横取りしていく、部下から、「パクリ屋」などという不名誉なあだ名をつけられ「絶対にあの人とは仕事をしたくない」と陰口を叩かれる上司もいる。

ではなぜ、その上司の評価が高いのか。単にそれは部下が優秀だっただけにすぎない。しかしプレゼンテーションがうまいなど、部下がやった仕事を、相談もなしに自分でやったようにトップに報告する能力にはたけているのだ。

それでも人事上、部下に対してそれなりの評価を与えてくれるのならいいが、それもしない。「一将功成りて万骨枯る」というタイプの上司だ。何がなんでも部下の成果をパクッていくタイプなのだ。

結局プレゼンテーション能力だけで偉くなったりするから、あの人に仕えたくない、などという苦情が多くなる。彼自身は一から何かの仕事をやり遂げたことがあるのかというと、まったくない。仕事への充実感から遠く離れている上司だ。

仕事の充実感とは自らの成長だ。自分一人ではこの成果は得られなかった、仲間と協力したおかげだ、と人間的に成長することだ。

これと出世がリンクすれば最高に幸せだが、たとえそうならなくても人間として成長したことを喜ぶべきだ。反対に人間的成長がまったくないのに出世だけを望む人は守銭奴と同じで、心が貧しくなる一方だ。

会社でなく〝自分のため〟に仕事をする

「人のために仕事をする」とか、「会社のために仕事をする」という人がいる。

これは誰かに聞いた話だが、人の為と書いて偽りと読む。本当にその通りだと思う。人のために、などというのは偽りだ。会社のためにやりましたというのもそうだ。

「これは会社のためにやっているんだ」と思っていると、後からどんな形にしろ、会社から裏切られることになる。

大変優れた上司がいるとする。その人のために命懸けでやっているんだと頑張っていても、その人がまったく、自分とは別の方向に進むこともある。そうなると結局その上司に恨みを抱くことになる。

それくらいならいっそのこと、長い人生、自分のために仕事をやると考えると、充実を感じられるようになるはずだ。

会社を辞める場合でも同じだ。自分のために頑張っていたのなら、あっさりと辞めて、次の人生を歩むことができる。

過去にこだわらずに済むというのは、それなりに満足して、会社から学ぶべきものは学んだという潔さがあるからだ。

それなのに、会社のためとか、人のためと思い続けているとかえって、悪いこととか、問題になることを先送りしてしまったり、自分の中で合理化してしまったりして、見て見ないふりをしてしまう。

かつて第一勧銀が総会屋への利益供与事件という大きな不祥事を起こしたときに、私自身の行動の原点になったのは、自分のためだった。家族にこんな恥ずかしい銀行の姿は見せられない、そういうことだった。当時高校生だった息子が、「学校で社会科の先生が第一勧銀のことぼろくそに言うんだよね。親父が第一勧銀に勤めていること先生知らないのかなあ」とぼやいていた。そのときに息子に恥ずかしくない銀行にしたいと思った。その後の私の戦いは自分と自分の家族のための戦いだった。

事件の際、私が夜遅く帰って、また翌朝早く出勤しようとするとき、息子が私の背中に向かって「親父、がんばれよ」と声をかけてくれた。

あのときのうれしさは今でも覚えている。

自分のために一所懸命働いているなら、家族にも悪い影響は与えないはずだ。

充実感というのは、あの橋を造ったとか、あのビルを造ったとか、あれをやったこれもやったとか、そういうこともあるかもしれない。

しかしよく考えれば自分のためにいかに働いたかというところに行き着くのではないだろうか。もしあなたが自分のために仕事をしていたら、会社から「辞めなさい」とか、「もういいよ、役割が終わったから、別の人生を歩んでくれ」と言われても動じないだけのものを築いておけるだろう。

会社から何か言われたら、すぐに自分の人生が真っ暗になってしまったと思い、会社の言いなりにならざるをえない人生を選択してしまうのは、会社のため、人のために仕事をするからだ。自分のために仕事をしていれば会社に対してそれなりの距離を置くことができる。

自分のためという仕事の姿勢を貫くには困難が伴うことがある。会社のために不正をしてくれと言われて、拒否することもあるからだ。そうなるとあなたは会社から命令拒否でクビになるかもしれない。

そのためには、「恒産なきものは恒心なし」という孟子の言葉を覚えておくといい。いざというときのために一応食べていけるだけの資産とかを残しておくという意味だ。資産でなくとも心構え、覚悟でもいい。何か言われたときにじたばたしない備えをしておく。それだけでずい分と違うはずだ。そういうことも生き方としては必要だ。

その恒産は人脈かもしれないし、金銭的な財産なのかもしれない。サラリーマンには当然必要だし、それができれば、会社の中で何かあったときでも、周りに対してきちんと筋を通すことができる。その結果、かえって言いなりになるより信頼を受けるということがあるかもしれない。

部下への感謝を持てる充実感がある

上司にとっての充実感は、部下に対する感謝の気持ちを持てることでもある。部下にありがとうと思える瞬間があるか。これこそが上司にとっての何よりの充実感ではないか。

前述したが、部下に感謝した思い出がある。支店長の頃のことだ。最初の店で二期連続で優秀店になった後のことで「今度はこの会社を再建するから、一時的に収益が悪化して皆さんのボーナスも悪くなる。だけど、これは支店長としてやらないといけないからやらせてくれるか」と一般職の女性も含めて全員に尋ねた。

そうしたら「支店長、いいですよ、頑張ってください」と言ってくれたのだ。あのときほど、この部下たちと一緒に仕事をしていてよかったと充実感に浸った瞬間はない。

結果として「ボーナス、こんなに少ないんですか」と言ってきた人もいたけど、それは半分は冗談で、その会社の再建も成功し、彼らは彼らなりに私と一緒に闘った結果のボーナスという覚悟を持ってくれた。

これは余談になるが、銀行を辞めることにしたとき、行員を集めて話をした。

「申し訳ないけど、私は三月三一日で退職します」

と言ったら、騒然となった。

「支店長、ところで何をするんですか」

と聞かれたのだ。

おそらく銀行を辞めて別の会社に就職するのではないかと思ったのだろう。

「私は小説家になります」

と言ったら「うゎーっ」とか「ええーっ」と誰もが驚いた。

「実は『非情銀行』という本を書いていて、今度『起死回生』というのが出版されます」

とそこではじめて明らかにした。

すると「『非情銀行』私、読みました」「私も読んだ」と言いあっている。

その後、支店長の椅子に戻ったら、「すいません、サインしてください」と本を持ってきた。

「他の会社に就職するんだったら私たち許さないと思いましたけど、小説家になるんだったら頑張ってくださいね」

と言われ胸が熱くなった。

心の底から部下に「ありがとう」と言った瞬間だった。

上司の喜びは部下の喜びを見ること

上司の充実は部下の喜びを見ることにある。

私が一年目で窓口係をやっていたとき、こんな上司がいた。閉店後、窓口でお金を一所懸命勘定していたら、突然、カウンターに二本の太い腕がパッと伸びてきて、私が数えているお金を摑《つか》もうとする。泥棒だと思って、私は数えているお金をその場に置いて二本の腕をぐっと摑んだ。顔を上げて見てみたら泥棒ではなく、支店長だった。

彼はにやっと笑ってこう言ったのだ。

「おう、腕を摑んだな、じゃあ明日から営業だ」

試験だったのだ。

翌日から外回りを担当させてくれるようになった。

非常にうれしかった。外回りになったら、銀行の行き帰りに書類を入れる鞄が必要になってくる。窓口係をやっていた新入行員のときは、鞄など持たずに背広を着て、ふらふらと銀行に出掛けていたが、外回りの営業マンになったら書類を入れるサラリーマンらしい鞄が必要だと考えたのだ。

そこで駅の地下街で革の鞄を買った。その革の鞄を持った感触の喜びを今でもおぼえている。

近くの支店に同期がいた。同期はまだ外回りに出ていないと知っていたから、わざわざ鞄を持って営業時間中に同期がいる支店を訪ねた。同期が窓口係をやっているところで、「おぅー」と声を張り上げて鞄を見せ、「営業になったぞ、羨ましいだろう」と自慢したことがあった。

泥棒の真似という乱暴だけれども粋な演出をして、部下のやりがいを喚起してくれたその上司のことを、何十年経った今でも感謝している。その上司も感謝している部下がいるということで本望ではないだろうか。

仕事は「自分のため」にやるものだということをしっかりと認識しておきたい。私は「会社のため」「人のため」と言って、不正に手を貸してしまった人を多く知っているだけになおさらだ。

サラリーマンはどうしても会社という狭い社会が人生のすべてになってしまう。そこでは「自分のため」などと言っていると仲間外れにされてしまうこともある。しかし自分が充実しないで「会社」も「人」も充実するわけがない。

最高の上司なら部下に向かって「自分のため」に仕事をしてほしいと堂々と言うべきだ。部下の目の色が変わり、いきいきと働き始めるだろう。

4　確信のある最高の上司に向かって

何十年後かに記憶に残る上司になる

最高の上司になろうと思って、そのまま予想通りの最高の上司になる人はまずいない。長い間、上司をやっていると、現実に揉まれていろいろと紆余曲折がある。

長嶋茂雄氏だって、最高の選手とか、最高の監督とか言われていたが、その都度その都度の采配《さいはい》を見ていると、「いったいどうして?」と思う選手はいっぱいいたと思う。実際には長嶋氏のことを悪く言う人はいないが、長嶋氏の部下として仕えていたら、なぜあのときにあのような采配をするのだということが当然あったはずだ。

何がここで言いたいかというと、そのような些末な采配ミスの評価を超える、人を惹きつける魅力があればいいということだ。「あの長嶋さんと一緒に仕事ができた」ということを後からよかったと自信を持って言えるような思いを部下に抱かせる、それが最高の上司なのではないか。

「あの上司と一緒に仕事をして、よく毎日にこにこしていられるよなあ。あの人、すごく怖い人なんだろう」

会社で評判の厳しい上司に仕える部下が同僚から訊かれた。

「それは厳しいよ。でも僕は一緒に仕事ができることのほうが楽しくてうれしい」

とその部下は笑顔で同僚に答えた。

その上司は傍目には厳しく見えるが、自分の部下に無駄な無理をさせたり、自分のために部下を使ったり、自分の成績を上げるために部下を利用したりはしなかった。だから同僚の予想に反して部下はのびやかに仕事をしていたのだ。

だが、その上司は外に対して、特に役員などには当たりが強かった。だからあんな当たりの強い上司の部下は大変だろうと思われていたのだ。

「『大変なんですよ』って言っておきました」

その部下はその上司に会社内での噂を報告した。

すると上司は、

「そんなことを言うから、余計な誤解を受けるんじゃないか」

と笑顔を返してきたそうだ。

その上司は厳しく見えているが、部下としては守ってあげたいと思うほど、かわいいのかもしれない。

上司だって人間だから、いろいろと判断を迷うし、間違いもする。その都度完璧な判断を下そうなどといっても、そんなことはできない。でも部下から見れば、そうしたミスも含めて魅力に見えれば、もうこれは最高だろう。

部下を決して支配しない

普段は最高の上司になろうなどと思わないで自然体でやっていればいい。自然体が一番だ。間違いもいっぱいあるが、部下から見たら、

「あの人と一緒に仕事をして、後から振り返ってみたら、おもしろかったな、勉強になったな、あのときがサラリーマンとしての転機だったな」

というようなことを思わせる上司になりたい。

そういうのがいってみれば結果的には「最高の上司」になる。

むしろ、自分は最高の上司ですよ、と部下に押しつける上司がいたらおかしい。「私とつきあうと偉くなるよ」という上司など論外だ。ただ彼は間違いなく自分のことを最高の上司

と思っていたはずだが。

派閥をつくりたがる、学閥をつくりたがる上司も多い。形をつくらないと落ち着かないのだろう。組合出身であれば組合の派閥をつくる、慶応大学出身だから慶応大学の派閥をつくる。早稲田大学出身だから早稲田の派閥。その派閥のためにいろいろな画策をする。それが、その派閥に属する人のためだと本気で信じているのだろうか。そうした派閥好き、画策好きの上司に限って、自分は最高の上司だと思っていて「自分についてきたほうがいいよ」と言う。

「派閥に入らないならお前の人生はこれで終わりだ」

などとくだらないことを若い頃に私もよく言われたものだ。

人事として面倒を見ないとか、そんなこともよく言われた。結局、脅しみたいなものだと解釈している。声が大きくて、それで主導権を握る占い師や宗教家と同じ手口だ。

大した能力もないのにカリスマと呼ばれ、勘違いしているような上司は、部下を怒鳴りつけて、またその後、手の平を返したようになだめたりとか、いろいろな手練手管を使う。そのようにして部下をマインドコントロールするのだ。

会社の中で派閥をつくりたがる人もそういう傾向にある。会議などみんながいる前でこっぴどく怒鳴りつけて震え上がらせておく。その後で、「スケープゴートにして申し訳ない、あまり腹を立てないでくれ。君を頼りにしている」と、猫なで声で言ってきたりする。そうすると、自分だけ特別扱いしてもらったのかと思って、急にその人がいい人に見えたりするものだ。そうではないということは、冷静に考えればよくわかるはずだ。

最高の上司は部下を支配してはならない。まるでときには神々しいリーダーとして、ときには秘密を打ち明けられる友人として、ときには優しい母として、部下と一緒に苦難をともにしていくべきだ。そして必ず「後生畏るべし」の心構えを持ち、部下が自分を乗り越えていくのを楽しむことも必要だ。

お客さまの喜ぶ顔が成功へのカギになる

「上司の哲学、最高の上司」とはどういうことになるだろうか。

自分が充実感のある仕事を楽しんでいるところを部下に見せられるかどうかだ。

その上で、部下に対しては、優しいと甘いとの違いをきちんとわからせることも上司にとって重要な役割だ。

また、部下の成長とか、部下の立場がわかる、すなわち確かな想像力のある上司になることも望まれる。想像力のない上司だと、仕えている部下が不幸だ。それは結果として会社にもマイナスだ。

何か問題が起きたとき、または新しいプロジェクトをやるとき、仕事全体を十分に想像することができないと、部下の正確な能力も推し量れない。

上司は、部下が今どんな思いで仕事をしているのかという想像力を働かせなければいけない。想像力が働かないと、物事が自分中心でしか回らない。結果として最高の上司からはほど遠い人になり、たとえば金融商品の押しつけ販売などの不祥事を部下が起こすことになる。

以前、過労死の裁判に協力したことがある。夫が亡くなって、夫人が裁判で闘った。彼は、仕事のし過ぎで亡くなったわけだ。会社の立場はあるにしても、直属の上司なら「彼は本当によくやってくれました」くらいのお礼のひと言はあってもいいはずだ。それなのに、それを言ったら会社の不利益になるからと口止めされているのか、関係者は亡くなったご主人のことを悪く言うばかりだった。

ご主人は過労死するほどの仕事をしていなかった、この一点張りなのだ。直属の上司が、「彼は五時になったら帰っていた」とか「飲み会が多い人でした」とか平気で言う。「その飲み会は仕事だったんじゃないのか」と夫人の弁護士が訊いても「それは私たちは把握してませんから、プライベートだと思います」などとまた平気で言う。

その結果、「亡くなったご主人は自分の私生活もきちんとコントロールできなかった。また、奥様もご主人の健康管理ができなかったために亡くなった」というような非情な論理で攻めてくる。そういうのを聞いていると、本当にやりきれない。

その裁判自体は、会社を退職した、内部事情に詳しい人が、「こういうひどい実態でした」と証言してくれたから少しずつ夫人に有利に進行したのだが、夫人は亡くなったご主人とともにどれだけ悔しい思いをされたことか。

本来は、会社のために、上司がやるべき仕事を全部引き受けたり、上司が問題解決すべきところを自分が出掛けていって解決したりしたのにもかかわらず、そういった献身的な人は記録をきちっと残したりしていないのでなかなかそれが証明できない。

支店長のときには、私は、「明示する」ということを意識していた。たとえば、A君がお客さまとある問題を起こしたとする。私はその問題を全員に明示した。それは、A君をさらしものにするようなことではない。

たとえばA君が原因で、事務方の女性に迷惑がかかった場合、私からまず説明をして、問題を起こしたA君からも全員に謝ってもらった。その上で、「こういう問題が起きて、トラブル状態になっていますので、申し訳ない。この問題はこういうようにして解決します」とその場でそこまで明示する。明示することで、問題を起こしたためにA君が暗い顔で仕事をしている、A君が謝ってくれないなどと、ブツブツと不満がたまっていくことや何が起きているのかとみんなが疑心暗鬼に陥ってしまうことなど、そうしたことを防ぐことができる。

また仕事の目標という意味においては、部下が仕事の全体像を把握しやすいように、一年後、二年後の目標を数値で明示することにしていた。

その上で、それぞれに仕事やプライベートの別なくこの一年間でやりたいことを発表してもらったり、短冊に書かせたりした。その目標を達成するために段取りをこういうふうにするということを自分で考えさせて、実行に移させる。

みんなの前で目標とか数値をオープンにすることで、そこに向かってどうアプローチしたらいいのかがよくわかる。押しつけとかではなく、多様なアプローチを認めるようにする。そうすると、営業でも事務でも非常に効率化する。

銀行に勤務している頃、ある支店の業績表彰のお祝いの会があった。その会に出席したら「表彰されたことがちっともうれしくないんです」という部下と話をしたことがあった。

本部から大勢の来賓があって「おめでとう、よくがんばりましたね」とほめているのに、なぜ、うれしくないのか。なぜ、浮かない顔をしているのか。

「みんな表彰を取るためだけに仕事をしたからなんですよ」

と彼は言った。

営業成績を上げるためだけに仕事をした。その結果、表彰された。しかしその後は少しも楽しくない、ただ虚《むな》しいだけだ。

自分の仕事でお客さまが喜んでくれたわけでもない。むしろ売りたくない商品を無理やり売ってしまったりしたという反省がある。内心ビクビクしているわけだ。無理やり販売した投資信託が暴落したらどうしようなどと心配が募るばかりなのだ。

お客さまは二〇〇万円の定期預金を解約して、一〇〇万円を定期預金、一〇〇万円を投資信託にすることを希望していた。しかし、二〇〇万円全部投資信託がいいですよ、と勧めてしまった。

それはお客さまのためでも何でもない。ノルマに追われていたから無理に勧めたのだ。それなのに「投資信託二〇〇万円獲得おめでとう」と銀行ではほめられる。

極端に言えば、騙した積み重ねで、表彰になった。お客さまのことを本当に考えたら、一〇〇万円は安全性の高いものにしてあげればよかった。営業成績のために、全部リスクのある金融商品に投資させてしまった。これで本当によかったんだろうか。もちろん、うまくいって投資信託が上がるということもあるのだが、彼は心配で業績表彰の祝杯が飲めなかったのだ。

貸出金利引き上げ運動もあったが、達成して、「目標達成、おめでとう」などと言われても、あのお客さまは本当に納得して貸出金利を上げさせてくれたんだろうかと部下は悩む。

にこにこ喜んでいるのは支店長だけだ。部下は表彰式の後のパーティが開催されても本当にはうれしくない。

部下に目標とそのプロセスを明示して、自分自身のためにゴールに向かっていくように勧めるという仕事のやり方をするべきだ。ゴールに達成するための多様なアプローチを認め、上司は部下が大きく道を踏み外さないようにだけ監視する。

極端なことを言えば、部下が目標に向かって走る道標になりきってもいい。そうするとノルマなどにピリピリしないでも、いつの間にか成績は上がってくる。

部下が喜べばお客さまも喜んでくれる。無理な商品を強引にセールスしなくてもいい。最終的には銀行として収益が上がり、目玉商品が販売できればいいのだ。

本部ばかりを気にして、あるいは目標達成にのみこだわりすぎて、強引な指導をすると「支店長は、自分が出世したいために私たちを道具に使っているんだ」と部下が思うことがある。ここまでいくと、お互いに疲れる一方になってしまう。

最高の上司の仕事のすすめ方は、オープンということだ。部下に会社の現状、仕事の社会的価値、上司としての考え方などをすべて明示することだ。そうして部下とともに目標達成のプロセスを考え、彼らの多様性を認めていく。

こうすれば部下は必ず楽しく仕事をし、知らない間に目標は達成されるだろう。競走馬のように鞭を入れれば、一時的に部下は走る。しかし長くは走らない。

もう一つ重要なことは部下の向こうにお客さまの喜ぶ顔を見るのが最高の上司だ。部下の向こうにはお客さまがいることを忘れてはならない。

部下が喜び、お客さまが喜べば、必ず会社は発展する。そのときあなたは本物の最高の上司になるだろう。

あとがき

私は、二〇〇三年三月に二六年間勤めた銀行を退職し、作家に転身した。銀行員から作家になるというのは、まったく違う境遇に身を置くことだった。若い頃ならいざ知らず、五〇歳近くなってからの急激な生活の変更には反対する人も、心配する人も多かった。年齢的には、やり直しがきかない。食べていけるのか。プロになるほど多くの作品を書けるのか……。

私に自信があったわけではない。本当は今でも心細い気持ちになることがある。しかし銀行員として精いっぱい仕事をしたという気持ちがあり、次は自分のやりたい道で生きていきたいと思った。自分なりには背水の陣を敷く決意だったが、今日までどうにか過ごすことができているのは、銀行員時代の経験と、その間に培った人脈のおかげだ。

ある日、元サントリーの広報部課長で、開高健や山口瞳の担当をされた谷浩志さんから彼のサントリー時代の部下で、青春出版社にいる桑原渓一さんを紹介された。

桑原さんは、私に「最高の上司とは何か」と問いかけてこられた。

彼によると、現在は成果主義の時代で、多くのサラリーマンが会社の求める結果（成果）と自分の生き方の折り合いがつけられなくて悩んでいるというのだ。

たしかに会社では不祥事が多発している。たとえば三井住友銀行では、中小企業にデリバティブという金融商品を無理やり販売し、公正取引委員会から排除勧告を受け、金融庁からは業務停止という厳しい処分を受けた。他にも損保ジャパン、三井住友海上火災などでは保険金の不払いや社員による保険料の立替などが起きている。

こうした結果（成果）を求める強引な営業というのは、上司が望んでいるものなのだろうか？　こんな営業を部下に強いる上司は、最高の上司と言えるのだろうか？　どういう上司が最高の上司と言えるのだろうか？

桑原さんは、私にたたみかけてきた。彼の質問に、自分の経験や自分が出会った上司を思い出しながら、私は答えた。

私の答えを聞いていて、桑原さんが、それを本にしたいと言い出した。

私は驚いた。ビジネス書など書いたことがないからだ。

それに私が考える最高の上司像が、現在のサラリーマンに受け入れられる自信はない。なぜなら私は強引に数字による結果（成果）を求めない、部下とともにお客さまの喜ぶ顔を見たいという成果主義よりも家族主義的な考えを持った上司を理想としているからだ。

私には銀行員時代にある信念があった。

それは「自分のために働け」ということだ。自分のためにさえ働けば、部下は仕事が楽しくなる。部下が楽しく働けば、お客さまが楽しくなる。そうなれば、必ず結果（成果）がついてくるというものだ。

何を甘いことを言っているのだ、と笑う人もいるだろう。そんな悠長なことで厳しいノルマを達成できないと怒る人もいるだろう。しかし少なくとも私は、この信念で本部でも支店でも結果（成果）を出してきた。

私は、人を大事にする会社こそが伸びる会社だろうし、また二一世紀に伸びてもらわなければならないと思っている。その意味で、現在の数字だけを求める成果主義の風潮に対しては、私は、アンチなのだ。

その思いをぜひ本にしてほしいと桑原さんに情熱的に口説かれた。気恥ずかしい気持ちがないではなかったが、私のつたない経験などが、役に立つのならと思い、本書が出来上がった次第である。もし本書を読まれた方が理想を持ち、「部下を活かす最高の上司」への道を歩むきっかけになれば幸甚である。

谷さんや桑原さんとの出会いがなければ、本書が世に出ることはなかった。お二人に深く感謝したい。

江上　剛

この作品は二〇〇六年八月青春出版社より刊行された
『最高の上司が実践する哲学』を改題したものです。

組織力《そしきりょく》UPの最強指導術《さいきょうしどうじゅつ》

部下《ぶか》を活《い》かす上司《じょうし》、殺《ころ》す上司《じょうし》

江上剛《えがみごう》

平成21年4月10日　初版発行

発行者――見城徹
発行所――株式会社幻冬舎
〒151-0051東京都渋谷区千駄ヶ谷4-9-7
電話　03(5411)6222(営業)
03(5411)6211(編集)
振替00120-8-767643
印刷・製本―中央精版印刷株式会社
装丁者――高橋雅之

幻冬舎文庫

ISBN978-4-344-41285-9　C0195　え-6-3